Examens de l'OCDE sur la gouvernance publique

I0104080

Voix citoyenne en Tunisie 2021

LA COMMUNICATION AU SERVICE D'UNE
ADMINISTRATION OUVERTE AU NIVEAU LOCAL

OCDE

DES POLITIQUES MEILLEURES
POUR UNE VIE MEILLEURE

Ce document, ainsi que les données et cartes qu'il peut comprendre, sont sans préjudice du statut de tout territoire, de la souveraineté s'exerçant sur ce dernier, du tracé des frontières et limites internationales, et du nom de tout territoire, ville ou région.

Merci de citer cet ouvrage comme suit :
OCDE (2021), *Voix citoyenne en Tunisie 2021 : La communication au service d'une administration ouverte au niveau local*, Examens de l'OCDE sur la gouvernance publique, Éditions OCDE, Paris, *https://doi.org/10.1787/84077619-fr*.

ISBN 978-92-64-53952-5 (imprimé)
ISBN 978-92-64-99656-4 (pdf)

Examens de l'OCDE sur la gouvernance publique
ISSN 2226-5953 (imprimé)
ISSN 2226-5961 (en ligne)

Avant-Propos

Une communication publique efficace est à la fois un moyen d'action et un élément phare d'une politique d'ouverture de l'administration. Au niveau local, nouer un dialogue avec les citoyens peut aider les municipalités à asseoir leur rôle et à mieux répondre aux besoins des habitants. En Tunisie, un effort historique visant à donner plus de pouvoirs aux administrations locales est en marche depuis l'adoption de la Constitution de 2014 et du Code des collectivités locales en 2018, qui ont attribué d'importantes prérogatives aux communes. Cette démarche contribue largement à la réussite du processus de transition vers une gouvernance démocratique engagé dans le pays depuis la révolution de 2011.

De fait, les collectivités locales jouent un grand rôle dans la perception que les citoyens ont de l'administration de leur pays en termes de transparence et de capacité à rendre des comptes. Leur contribution est également essentielle pour faciliter la participation des parties prenantes à la vie publique. Parallèlement, le paysage médiatique tunisien a évolué, tant au niveau national que local, avec notamment une explosion des médias sociaux. En raison même de ces changements, il est plus que jamais essentiel de maintenir une communication ouverte et efficace entre les collectivités locales et un large éventail de parties prenantes.

Ce Scan de l'OCDE livre une analyse de l'organisation de la communication publique et des initiatives prises en la matière au niveau local en Tunisie. Il montre qu'il existe de réelles possibilités de donner une dimension plus stratégique à cette fonction et ce faisant de soutenir les efforts ambitieux déployés par les municipalités, sur l'ensemble du territoire tunisien, notamment au travers de leur participation au 3e Plan d'action du Partenariat pour un gouvernement ouvert (PGO) (2018-2020).

Les onze communes qui ont participé à ce projet peuvent tirer profit des recommandations formulées dans ce rapport pour renforcer et optimiser leur capacité de dialogue avec les citoyens. Pour cela, il leur faudra établir des processus, mettre en place une organisation et définir les responsabilités ; élaborer des stratégies claires et des plans pour guider leur action ; et s'appuyer sur les canaux les plus adaptés pour atteindre les différents publics, notamment via un usage des médias sociaux plus approprié à la finalité recherchée. Ce document fournit en outre des orientations sur la marche à suivre pour renforcer les interactions avec les journalistes afin de mieux rendre compte de l'action menée.

Depuis la « révolution de jasmin » de 2011, la Tunisie a pris d'importantes mesures visant à ancrer plus fermement les principes de transparence, d'intégrité, de redevabilité et d'association des parties prenantes, en s'appuyant sur un examen de l'OCDE consacré à l'ouverture de l'administration tunisienne et sur trois plans d'action nationaux déployés dans le cadre du Partenariat pour un gouvernement ouvert (PGO). En 2019, le rapport de l'OCDE intitulé *Voix Citoyenne en Tunisie : le rôle de la communication et des médias pour un gouvernement plus ouvert*, a apporté des éléments à l'appui du programme de réalisations global du pays en formulant des recommandations pratiques préconisant un renforcement des services de communication au sein du centre de gouvernement et des ministères. En élargissant ces efforts au niveau local, la Tunisie fait un grand pas qui la rapproche de « l'État ouvert » évoqué dans la Recommandation du Conseil de l'OCDE sur le Gouvernement Ouvert, à laquelle la Tunisie a adhéré en 2019.

Remerciements

Le Secrétariat de l'OCDE souhaite exprimer sa gratitude à l'ensemble des personnes ayant contribué à la réalisation de ce Scan. Ces remerciements vont en premier lieu au gouvernement de la Tunisie, et en particulier à la Présidence du Gouvernement, y compris Khaled Sellami et Rim Garnaoui. L'OCDE souhaiterait également remercier les parties prenantes tunisiennes ayant participé à l'examen par les pairs et à l'enquête de l'OCDE, notamment les 11 communes de Carthage, Hammam Chatt, Tinja, Dar Chaâbane, Zriba, Zaouiet Sousse, Essouassi, Regueb, Kébili, Médenine et Gabès, la société civile, les instances indépendantes et les médias. L'OCDE adresse également ses remerciements à Mme Anne-Gaël Chiche, responsable de l'Agora de la Maison des initiatives citoyennes de la ville de Nanterre (France) ; Mme Ana Carrillo Pozas, de Direction pour la participation citoyenne de Madrid (Espagne), chargée de la communication numérique du portail citoyen *Decide Madrid*, et M. Marco Porcu, responsable des médias numériques, de la commune d'Ancône (Italie), qui ont assuré le rôle d'examinateurs.

Dans le cadre du Programme MENA-OCDE pour la gouvernance, ce Scan a été élaboré par la Direction de la gouvernance publique de l'OCDE. Il s'inscrit dans la série des publications réalisées par l'Unité du Gouvernment Ouvert placée sous la responsabilité d'Alessandro Bellantoni.

La publication a été coordonnée par Karine Badr, et rédigée par Carlotta Alfonsi et Katharina Zuegel. Paulina López Ramos a contribué aux recherches et à la préparation du texte. Cette publication s'est appuyée sur un travail de recherche et d'analyse réalisé par Mai-Linh Hamisultane (experte en communication). Ce travail a également bénéficié des éclairages d'Alessandro Bozzini. Un travail éditorial a été assuré par Catherine Sauvet-Tricoire. L'appui administratif a été assuré par Delphine Mergier et Amelia Godber et Roxana Glavanov ont préparé le manuscrit en vue de sa publication.

L'OCDE souhaite remercier le ministère allemand des Affaires étrangères pour le soutien financier qu'il a apporté à ce projet dans le cadre du « Partenariat pour la Transformation ».

Table des matières

6 |

GRAPHIQUES

Suivez les publications de l'OCDE sur :

http://twitter.com/OECD_Pubs

http://www.facebook.com/OECDPublications

http://www.linkedin.com/groups/OECD-Publications-4645871

http://www.youtube.com/oecdilibrary

http://www.oecd.org/oecddirect/

Résumé

La communication publique est l'une des clés de voûte de l'administration ouverte. À la fois vecteur de transparence et support de la participation des citoyens à la vie publique, elle renforce la confiance des citoyens dans l'administration. Face à l'impératif grandissant de multiplier les possibilités d'association des parties prenantes, la capacité à communiquer efficacement est tout aussi nécessaire au niveau national qu'au niveau local. Et ce, d'autant que la Tunisie a adhéré à la Recommandation de l'OCDE sur le Gouvernement Ouvert, et a donné un cadre formel au rôle des collectivités locales dans le programme d'ouverture de l'administration qui découle du 3e Plan d'action PGO (2018-2020) et du Code des collectivités locales de 2018.

Les onze communes ayant participé à cette étude (Carthage, Hammam Chatt, Tinja, Dar Chaâbane, Zriba, Zaouiet Sousse, Essouassi, Regueb, Kébili, Médenine et Gabès) ont toutes fait preuve de leur volonté de poursuivre les réformes d'ouverture. Il ressort des données de l'enquête de l'OCDE que 82 % d'entre elles se sont résolument engagées sur la voie de la transparence en publiant spontanément des informations en ligne dans plusieurs domaines (budget, marchés publics, débats des conseils municipaux). Elles ont également mis en place des commissions spécifiquement chargées des initiatives de démocratie participative et d'ouverture de l'administration. Un usage stratégique de la communication peut étayer ces efforts, en amplifier l'impact et les rendre plus inclusifs.

Les municipalités ont manifesté leur volonté d'ouverture en adoptant des stratégies et des initiatives en matière de communication publique. À cet effet, plusieurs réformes pourraient contribuer à approfondir le dialogue avec les citoyens de manière à soutenir durablement la stratégie de ces collectivités et leurs objectifs en matière d'ouverture de l'administration. En interne, l'organisation et les processus des services de communication pourraient être renforcés et formalisés. À cet égard, le premier défi tient à l'insuffisance des ressources, tant humaines que financières, qui limite le champ des activités de communication que les municipalités sont en mesure d'effectuer. Si 90 % d'entre elles déclarent disposer d'au moins une personne chargée de la communication, la même proportion estiment que les ressources humaines sont un enjeu majeur. De fait, les chargés de communication exercent souvent plusieurs fonctions et n'ont pas bénéficié de formations leur permettant d'acquérir toutes les compétences nécessaires.

Les communes peuvent optimiser les ressources disponibles en adoptant une approche plus stratégique de leur communication, de nature à les aider à mener des actions plus ciblées et adaptées à leurs capacités actuelles. Actuellement, 64 % des collectivités interrogées mènent des actions de communication au coup par coup, seules 18 % déclarant avoir élaboré une stratégie. Par conséquent, il n'est pas rare que la fréquence des activités de communication ne soit pas régulière et que ces activités soient davantage motivées par des besoins à court terme que par des objectifs préalablement définis. Il est ainsi probable que divers projets soient engagés (par exemple répondre en ligne aux questions des citoyens), mais ne soient pas pleinement soutenus ni suivis, ce qui pèse sur la confiance et le dialogue.

Une approche plus stratégique implique de mieux cerner les publics et les canaux les plus adaptés pour les atteindre. Elle suppose également de hiérarchiser et de planifier les activités de sorte qu'elles coïncident mieux avec le cycle de l'action publique afin de tenir les citoyens informés et de leur donner des possibilités de participer à la vie publique.

En outre, pour donner une dimension plus stratégique à la communication, il convient de mieux définir le cadre institutionnel y afférant, d'attribuer les responsabilités et d'adopter une approche plus professionnelle, ce qui implique de renforcer les capacités et de former les agents aux compétences clés. L'élaboration de lignes directrices est un bon moyen d'encourager une approche plus structurée et plus cohérente tout en renforçant l'application des bonnes pratiques. Cette démarche prend tout son sens s'agissant des médias sociaux, qui constituent l'un des canaux de communication les plus utilisés par les collectivités locales et les plus efficaces, mais qui pourraient toutefois être davantage mis au service de l'ouverture de l'administration. Enfin, mutualiser les apprentissages est un moyen précieux de renforcer l'efficacité de l'organisation et des processus. En effet, la mise en place et l'exploitation d'un réseau de communicants du secteur public peuvent aider à répartir la charge de la réforme de la fonction communication et à expérimenter de nouvelles approches, à l'image de qui s'est fait au niveau national dans le pays.

Pour accroître leur redevabilité, les collectivités locales peuvent aussi tirer parti d'une collaboration plus étroite avec les médias. Les radios locales peuvent être particulièrement utiles à cet égard, d'autant qu'elles sont présentes sur l'ensemble du territoire tunisien et réalisent de fortes audiences. Le fait d'entretenir des contacts réguliers avec les journalistes pourrait aider les agents publics à mieux comprendre comment fonctionne la presse et faciliter la collaboration. De même, la qualité des relations avec les médias repose sur l'établissement de protocoles facilitant la transmission d'informations à jour et utiles dont la presse peut se faire l'écho. Les municipalités peuvent aussi appuyer les initiatives de journalisme de proximité ou citoyen, et faire d'une pierre deux coups en améliorant à la fois la redevabilité et la participation. Une telle démarche pourrait beaucoup compter pour les femmes et les jeunes et faciliter l'association de ces catégories de population souvent laissés de côté.

Enfin, dans le contexte des médias locaux, un usage efficace des canaux numériques (sites internet ou plateformes de médias sociaux) est un aspect essentiel de la communication dans les onze communes en question. Les plateformes numériques permettent d'établir un contact direct avec le plus vaste public dans toutes les zones du territoire, à l'exception des plus rurales, d'où leur importance tant pour l'association des parties prenantes que pour la prestation de service. Cela étant, pour en faire un usage stratégique, il faut choisir les plateformes les plus efficaces et les plus adaptées aux objectifs poursuivis, et articuler plus étroitement les contenus avec les priorités de l'action publique. Par exemple, la quasi-totalité des communes ayant participé à l'étude mettent à la disposition des administrés des formulaires de demande d'accès à l'information sur leur site internet. Pour développer l'utilisation de ce service, ces formulaires devraient se présenter dans des formats accessibles, facilement consultables et s'accompagner d'une présentation simple des dispositions légales. Ainsi les efforts des municipalités en matière de communication numérique viendraient étayer les réformes d'ouverture engagées.

Sur le long terme, les onze communes pourraient s'inspirer des recommandations formulées dans ce rapport pour engager des investissements plus conséquents dans la formation, les outils et le soutien aux équipes de communication, auxquelles les élus locaux doivent confier un mandat plus ambitieux. Dans un premier temps, elles peuvent d'ores et déjà veiller plus activement à ce que leurs efforts concordent avec les principes du gouvernement ouvert et soutiennent les initiatives publiques qui s'y rapportent. Que ce soit pour diffuser des données ouvertes ou en encourager l'utilisation, pour promouvoir la participation aux consultations publiques, ou encore pour rendre le cycle de l'action publique plus transparent, les collectivités tunisiennes peuvent mettre à profit les outils évoqués dans ce rapport pour exploiter le plein potentiel de la communication publique au service de politiques meilleures.

1 Contexte en Tunisie : évaluation et recommandations

Ce chapitre présente le cadre de l'OCDE en matière de gouvernement ouvert, d'écosystèmes médiatiques et de communication publique, et livre une vue d'ensemble de la communication publique dans 11 communes tunisiennes : Carthage, Hammam Chatt, Tinja, Dar Chaâbane, Zriba, Zaouiet Sousse, Essouassi, Regueb, Kébili, Médenine et Gabès. Il décrit également les changements juridiques et institutionnels récents ayant eu une incidence sur l'écosystème médiatique au niveau local. Enfin, il résume les principales conclusions et recommandations formulées dans cette étude.

En Tunisie, le système de gouvernance publique a connu de profonds bouleversements depuis 2011 et a vu se nouer progressivement une nouvelle relation entre les citoyens et l'administration publique. En effet, la libéralisation des médias et l'affirmation des droits civiques fondamentaux ont octroyé aux citoyens des possibilités sans précédent de s'exprimer et de s'engager dans la vie publique, via des associations ou organisations non gouvernementales (ONG), de nouveaux médias, ou sur les réseaux sociaux. De plus, dans le prolongement de la Constitution de 2014, l'État a engagé des réformes donnant plus d'importance à la transparence, à l'ouverture, à la participation et à la redevabilité. Le cadre de l'action publique tunisien se transforme également à la faveur des efforts de décentralisation en cours. En mai 2018, les premières élections municipales organisées depuis la révolution ont affiché un taux de participation de 33.7 % (ISIE, 2018[1]).

Ce contexte présente une réelle opportunité de concevoir des politiques et services publics mieux adaptés aux besoins des administrés et de rétablir la confiance des citoyens envers les institutions publiques. Des études récentes montrent en effet qu'au niveau local, environ 52 % des citoyens déclarent faire confiance ou plutôt confiance aux conseils municipaux (IRI, 2019[2]). Cela étant, l'indice de perception de la corruption de Transparency International s'est établi à 43/100 en 2019, preuve s'il en est qu'aux yeux des Tunisiens, la corruption reste un défi majeur pour leur pays, même si cet indicateur s'est quelque peu amélioré (Transparency International, 2019[3]).

Ainsi, le pays est appelé à redoubler d'efforts pour mettre en place des politiques et des services publics qui répondent au mieux aux attentes des citoyens, et engager des réformes de nature à faire face aux enjeux socio-économiques. Pour ce faire, l'association des citoyens à la vie publique et le renforcement de la transparence sont essentiels. Les études de l'OCDE démontrent en effet que la participation des citoyens permet d'améliorer la qualité des politiques publiques, et que la transparence facilite la redevabilité envers les citoyens et les médias (OCDE, 2017[4]).

On l'a vu dans le rapport de l'OCDE « *Voix Citoyenne en Tunisie : le rôle de la communication et des médias pour un gouvernement plus ouvert* », la communication publique[1] joue un rôle essentiel dans cette démarche, car ses objectifs sont d'informer les citoyens sur les mesures en cours et de mieux les associer à l'élaboration des politiques et des services publics. Elle permet également d'animer la vie démocratique, en soutenant des initiatives sur le terrain, en valorisant le territoire, ou encore, en faisant évoluer les comportements.

Encadré 1.1. Le rapport *Voix Citoyenne en Tunisie*

L'examen de la communication publique au niveau national en Tunisie mené par l'OCDE en 2019 a permis de formuler plusieurs recommandations en faveur d'une communication plus efficace avec les citoyens et d'une plus grande ouverture de l'administration publique. Il préconise avant tout une évolution vers un usage plus stratégique de la communication, qui passe par l'élaboration et la mise en œuvre de stratégies, et par des investissements dans les ressources humaines et la professionnalisation des agents chargés de la communication.

Le rapport souligne l'importance de renforcer les structures concernées au sein de chaque ministère, d'harmoniser leurs mandats, de leur conférer un soutien à haut niveau et de clarifier les missions des communicants. Les auteurs préconisent par ailleurs l'allocation d'un budget dédié à la communication et une meilleure coordination verticale et horizontale entre les unités concernées à tous les niveaux d'administration.

Le rapport pointe la nécessité de développer des interactions plus systématiques avec les médias et de renforcer le cadre d'accès à l'information afin d'associer davantage les différentes parties prenantes à l'élaboration des politiques publiques.

Enfin, le rapport souligne l'importance des réseaux sociaux en Tunisie depuis la révolution de 2011 et invite le gouvernement à en faire un usage plus stratégique dans l'optique d'une communication plus inclusive ciblant par exemple les femmes et les jeunes. Pour faire face à la désinformation, l'OCDE recommande également à la Tunisie d'œuvrer de concert avec les médias et la société civile à la mise en place d'initiatives et de réglementations axées sur l'éducation aux médias.

Source : OCDE (2019[5]), *Voix citoyenne en Tunisie: Le rôle de la communication et des médias pour un gouvernement plus ouvert*, Examens de l'OCDE sur la gouvernance publique, Éditions OCDE, Paris, https://doi.org/10.1787/9789264306622-fr.

À la faveur des progrès technologiques, les citoyens d'aujourd'hui aspirent à une communication transparente et surtout de proximité. Ils souhaitent non seulement être informés de tout ce qui les touche concrètement, mais aussi participer plus activement à l'élaboration des politiques publiques.

Par ailleurs, l'image que les diverses parties prenantes se font de l'administration publique découle bien souvent de la qualité des services fournis au niveau local. L'élaboration « de procédures et outils de communication à l'échelle locale » figurait d'ailleurs parmi les recommandations clés du rapport de l'OCDE *Voix Citoyenne en Tunisie* (OCDE (2019[5]), voir encadré 1.2).

Le présent Scan a pour objectif de faire en sorte que la communication publique au niveau local concoure davantage à la concrétisation des principes du gouvernement ouvert en Tunisie. Pour ce faire, elle analyse les stratégies, initiatives et pratiques en place à cet égard, et formule des recommandations fondées sur les bonnes pratiques déployées dans les pays de l'OCDE. Ce document a été élaboré à partir des réponses de 11 communes (Carthage, Hammam Chatt, Tinja, Dar Chaâbane, Zriba, Zaouiet Sousse, Essouassi, Regueb, Kébili, Médenine et Gabes) participant au 3e plan d'action du pays pour le PGO (Partenariat pour un gouvernement ouvert).[2] Il repose par ailleurs sur une enquête de l'OCDE, ainsi que sur un examen par les pairs qui a eu lieu en octobre 2019 à Sousse, en présence de représentants des 11 communes, de la société civile et des médias.

Les communes participant à cette étude ont été sélectionnées à l'issue d'une procédure rigoureuse et transparente d'appel à candidatures lancé par le gouvernement tunisien, qui a permis de recueillir 73 candidatures au total. Un comité mixte composé à la fois de représentant de l'administration nationale et de la société civile a ensuite examiné les dossiers et procédé à une sélection en s'attachant à garantir un équilibre géographique et en veillant au respect d'un certain nombre de critères relatifs aux principes du gouvernement ouvert.

Les onze communes retenues présentent ainsi des caractéristiques variées, notamment en termes de taille : le nombre d'habitants pouvant osciller entre 20 000 habitants pour une commune comme Tinja et 150 000 habitants, comme à Gabès (Statistiques Tunisie, 2019[6]). Elles se distinguent également sur un certain nombre d'autres facteurs, comme le taux de chômage (20 % à Kébili contre moins de 10 % à Zaouiet Sousse, Regueb et Dar Chaâbane) ou encore le taux d'illettrisme (15 % ou moins à Dar Chaâbane, Gabès, Hammam Chatt et Zaouiet Sousse), qui peuvent également avoir un impact direct sur les pratiques de la communication locale (Statistiques Tunisie, 2019[6]). Comme indiqué à plusieurs reprises au cours des différents échanges avec les municipalités, tout conseil, toute orientation, formation, stratégie ou autre outil doit être fortement en prise avec les réalités locales, afin d'être adapté aux spécificités de chacune de ces communes.

Vers des municipalités plus ouvertes en Tunisie

Depuis 2011, le gouvernement tunisien s'est résolument engagé, à grand renfort de réformes, vers plus de transparence, d'intégrité, de redevabilité et de participation. La Constitution de 2014 consacre en effet les principes d'un régime républicain démocratique et participatif. Les valeurs inscrites dans ce texte ont pris corps grâce à l'adoption de plusieurs lois fondamentales (telle que la loi organique 2016-22 du 24 mars 2016 relative au droit d'accès à l'information) et à la mise en place d'institutions publiques clés (telle que l'Instance Nationale de l'Accès à l'Information – INAI et la Haute Autorité Indépendante de la

Communication Audiovisuelle – HAICA). Des efforts qui prennent également une dimension mondiale, avec la participation de la Tunisie depuis 2014 au PGO, et l'adhésion du pays à la Recommandation du Conseil de l'OCDE sur le Gouvernement Ouvert en 2019.

Ces efforts portent également sur les collectivités locales. L'article 139 de la Constitution consacre en effet les principes du gouvernement ouvert et de la démocratie participative dans les administrations locales, qui sont détaillés dans le Code des collectivités locales adopté en 2018. Ce code propose un certain nombre de mesures et outils visant à plus de transparence, de participation et de redevabilité.[3] Ainsi, plusieurs municipalités ont mis en place des initiatives phares pour traduire ces principes en réformes concrètes. Celles de La Marsa et Sfax ont par exemple adopté des budgets participatifs. Sayada a noué un partenariat avec la société civile, axé sur la transparence : l'Association pour la culture numérique libre (Clibre), composée de citoyens, gère le portail collaboratif sur lequel la commune publie ses documents et son budget (OCDE, 2019[7]). De plus, le gouvernement central a inscrit dans son 3e plan d'action du PGO, un engagement (numéro 11) relatif à la création de partenariats pour un gouvernement ouvert dans onze communes pilotes :

« Cette initiative prévoit d'habiliter chaque municipalité à formuler des engagements alignés avec ses spécificités et aspirations. Elle ambitionne également de rapprocher l'administration du citoyen et de faire participer ce dernier à la détermination des engagements pris et au suivi de leur mise en œuvre, par la tenue de réunions périodiques du comité de pilotage mixte, regroupant des représentants de l'administration de la municipalité et des représentants des habitants de chaque région. Il est également prévu de concevoir un plan de communication visant à représenter les initiatives à lancer au titre du présent engagement et de faire participer l'ensemble des parties prenantes, qu'il s'agisse d'autorités publiques locales ou de représentants de la société civile dans la région concernée. » (République Tunisienne - Présidence du Gouvernement, 2018[8])Les 11 communes sélectionnées sont Carthage, Hammam Chatt, Tinja, Dar Chaâbane, Zriba, Zaouiet Sousse, Essouassi, Regueb, Kébili, Médenine et Gabès.

La communication publique comme levier de transparence et de participation

La Recommandation du Conseil de l'OCDE sur le Gouvernement Ouvert, adoptée en 2017, définit la communication comme un élément clé de la promotion des principes du gouvernement ouvert. Le « gouvernement ouvert » s'entend comme « une culture de gouvernance qui promeut les principes de transparence, d'intégrité, de redevabilité et de participation des parties prenantes, au service de la démocratie et de la croissance inclusive ». Afin d'instaurer cette culture, les États sont encouragés à « communiquer activement sur les stratégies et initiatives en matière de gouvernement ouvert ainsi que sur les résultats, réalisations et impacts » (OCDE, 2017[9]). Un guide a été élaboré par l'OCDE pour accompagner les pays dans ces efforts (OCDE/OGP, 2019[10]). Cette démarche est d'autant plus importante dans un contexte marqué, partout dans le monde, par un écosystème médiatique en pleine mutation, et par des phénomènes de désinformation et des discours de haine qui posent de nouveaux défis. Ainsi, une communication publique stratégique, basée sur un cadre institutionnel fiable, et étayée par des stratégies et des ressources financières et humaines adaptées, est nécessaire pour répondre au mieux aux attentes des citoyens. Par ailleurs, la Recommandation de l'OCDE insiste sur le rôle que doivent jouer des acteurs non gouvernementaux, y compris les médias, à l'appui de la transparence et de la participation. Le graphique ci-dessous schématise la dynamique existant entre communication, médias et gouvernement ouvert (voir graphique 1.1).

Graphique 1.1. Piliers du cadre de l'OCDE sur la contribution de la communication et des médias au gouvernement ouvert

Écosystèmes médiatiques
• **Gouvernance des médias :** cadres institutionnel, légal, politique et réglementaire, notamment en matière d'AI
• **Paysage médiatique :** acteurs (médias locaux et traditionnels, réseaux sociaux et médias en ligne, et journalistes citoyens) et difficultés posées par les discours de haine et la désinformation

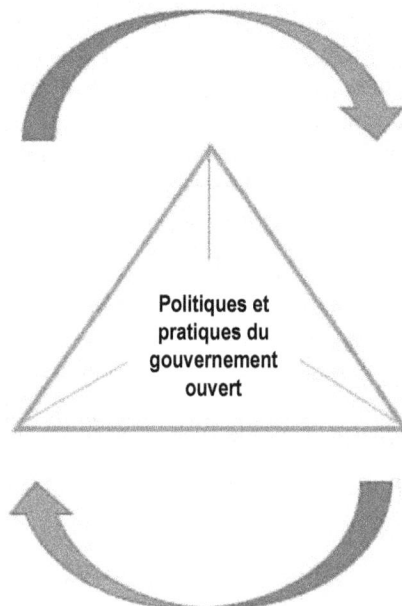

Politiques et pratiques du gouvernement ouvert

Communication publique
• **En termes de gestion publique :** notamment stratégies, politiques, structures, initiatives de suivi de d'évaluation, mécanismes de coordination
• **En termes stratégiques :** communiquer pour une transparence, une participation et une redevabilité accrues, une meilleure élaboration des politiques publiques et une prestation plus efficace des services

Source : Travail personnel des auteurs.

Encadré 1.2. Le portail citoyen *Decide Madrid*

En 2015, la ville de Madrid a mis en place une plateforme en ligne, baptisée Decide Madrid, sur laquelle les citoyens peuvent faire des propositions et voter sur des projets proposés par la ville. Les décisions prises au titre du budget participatif à l'aide de ce portail représentent plus de 100 millions EUR par an. Le portail est également utilisé dans le cadre de consultations, de propositions de loi et de mesures publiques et à l'appui des débats, et apporte à la municipalité des éclairages sur le point de vue des citoyens.

Cette plateforme, qui utilise le logiciel ouvert Consul, a enregistré plus de 400 000 utilisateurs en 2018. Pour en assurer le succès, Decide Madrid a beaucoup investi dans la communication afin d'informer le plus grand nombre possible de citoyens sur les possibilités et les modalités de participation à la vie publique. Il s'est appuyé pour ce faire sur un manuel rassemblant des orientations sur les communications quotidiennes, les campagnes, et l'utilisation des réseaux sociaux et des canaux numériques.

Source : Ana Carillo Pozas, Decide Madrid ; présentation lors de l'atelier « Vers des Municipalités ouvertes en Tunisie : La communication publique locale et le Gouvernement ouvert », le 23 octobre 2019 à Sousse.

Évolution de la communication publique au niveau local en Tunisie

La communication publique en Tunisie est en pleine mutation, à la suite de deux événements majeurs : la décentralisation en cours et la libéralisation de l'écosystème médiatique. La décentralisation à l'œuvre est prévue par le chapitre 7 de la Constitution de 2014 qui consacre des principes tels que la libre administration des collectivités locales. L'adoption du Code des collectivités locales et la tenue des élections municipales de 2018 ont donné le coup d'envoi de ce mouvement historique de décentralisation. Le Code des collectivités locales accorde aux municipalités bien plus de compétences que ne le faisait la loi organique des communes de 1975. Elles ont dorénavant la capacité d'élaborer et de mettre en œuvre des politiques et des services publics relatifs au développement de leurs communes, à mesure que les décrets d'application du Code sont rédigés et approuvés.

La communication avec les citoyens au sujet des initiatives de décentralisation et leur implication dans ce processus revêt désormais une importance majeure. Selon une étude de 2019, environ 64 % des citoyens tunisiens sont très ou assez intéressés par l'information sur l'action publique. Même si les participants à cette étude se disent disposés à prendre part à la vie publique par différents moyens (25 % se déclarent prêts à participer à une réunion politique et autant à signer une pétition), participer à une manifestation ou à un boycott constitue pour eux un moyen d'expression plus important que le dialogue avec leurs élus locaux (8 %) (IRI, 2019[2]).

Dans ce contexte, il est impératif de transformer la culture de gouvernance des communes, marquée par la longue tradition d'opacité qui primait sous le régime de Ben Ali. Cette transformation passe par l'actualisation des initiatives et pratiques de communication, qui doivent se moderniser et bénéficier de ressources humaines et financières adaptées.

Le Code des collectivités locales met par ailleurs l'accent sur le dialogue et l'interaction avec les médias et la société civile. Il confère aux médias et à la société civile un siège aux réunions du conseil municipal. La législation établit en outre deux nouvelles commissions municipales, l'une dédiée à la démocratie participative et à l'ouverture de l'administration, et l'autre aux médias, à la communication et à l'évaluation (article 210).

En parallèle, la libéralisation de l'écosystème médiatique tunisien en 2011 et l'adoption des décrets-lois concernant la presse (décret-loi n° 115) et les médias audiovisuels (décret-loi n° 116), qui reconnaissent l'existence des médias associatifs, ont permis à une multitude des nouveaux médias de voir le jour, y compris des médias associatifs tels que les radios, blogs, radios et TV sur internet. En même temps, les médias publics existants renforcent leur présence dans les régions.

Encadré 1.3. L'Agora : la maison des initiatives de la ville de Nanterre

L'Agora, la maison des initiatives de la ville de Nanterre (France), a été créée en 2003. Ce projet permet l'organisation de rencontres et débats autour de questions d'actualité et de société, à l'initiative des habitants et des associations, qui sont accompagnés par l'équipe. L'Agora participe aussi à la conception et à l'organisation des consultations, notamment via la plateforme « participez.nanterre.fr ». Il s'agit d'un important lieu-ressources concernant l'information municipale, qui offre aussi aux citoyens la possibilité de s'exprimer via une web radio, en bénéficiant d'un accompagnement éditorial et technique pour réaliser leur propre émission.

Source : Ville de Nanterre (2019[11]), « Voix citoyenne », https://www.nanterre.fr/2355-vie-citoyenne.htm, (consulté le 15 avril 2019).

Recommandations

La section qui suit offre un aperçu des principales conclusions de l'analyse des pratiques de la communication publique des 11 communes tunisiennes participant à la mise en œuvre de l'engagement 11 du plan d'action du PGO. Par ailleurs, des recommandations sont formulées dans l'optique de renforcer la contribution des communicants aux initiatives d'ouverture de l'administration dans ces communes et appuyer la mise en œuvre des dispositions du Code des collectivités locales, via un dialogue plus efficient avec les citoyens (voir les exemples dans les encadrés 1.2 et 1.3).

Les collectivités tunisiennes ayant participé à l'enquête font preuve d'un effort important de transparence et d'ouverture. Plus de 90 % d'entre elles disposent d'au moins un(e) chargé(e) de communication, toutes communiquent sur les réseaux sociaux et animent des sites web sur lesquels les procès-verbaux des réunions du conseil municipal, par exemple, sont publiés. Par ailleurs, la plupart des collectivités ayant répondu à l'enquête indiquent qu'elles diffusent spontanément toute une série d'informations relatives à leurs communes. Ainsi, 82 % d'entre elles publient des informations liées aux finances, aux budgets et aux appels d'offres. On note également, dans 64 % des cas, des efforts pour identifier les publics cibles, et pour adapter les outils et messages à l'intention des jeunes et des femmes (respectivement 82 % et 64 % des communes).

Cependant, les actions de communication des municipalités tunisiennes restent limitées et se heurte à la problématique du manque de ressources humaines et financières adéquates. Elle repose en grande partie sur des activités ad-hoc, avec uniquement 18% des entités ayant élaboré une stratégie en la matière. En outre, il semble que la communication unidirectionnelle sur les réseaux sociaux (tels que Facebook) et sur les sites internet municipaux soit privilégiée.

La difficulté à établir une distinction entre communication publique et communication politique a été évoquée à plusieurs reprises lors de l'examen par les pairs mené par l'OCDE. Par ailleurs, il semble que les communicants semblent peu s'appuyer sur les résultats des sondages ou des enquêtes, qui permettraient de mieux cerner les publics et de mener des actions stratégiques et plus adaptées au contexte et aux besoins locaux. En outre, l'absence de guides pratiques et de formations pose un défi important, en particulier en raison du fait que les communicants ont souvent des profils très variés. Ils ne sont pas toujours spécialistes du sujet et cumulent généralement plusieurs fonctions au sein de la municipalité. La mise en place de commissions municipales chargées des initiatives liées à la « gouvernance ouverte et la démocratie participative » d'une part, et aux « médias, à la communication et à l'évaluation » d'autre part, a renforcé le besoin d'une interaction plus ouverte et transparente avec les parties prenantes. Pour autant, la répartition des missions et des rôles et, par conséquent, le cadre institutionnel en question au sein de la municipalité, ne sont pas encore clairement définis.

Les communes sont néanmoins conscientes de l'importance d'une meilleure interaction avec les citoyens et d'une approche plus participative et ouverte, offrant l'occasion d'instaurer une communication plus stratégique. Pour cela, il conviendrait de :

- **Élaborer une stratégie dédiée et un plan de communication** pour les municipalités à l'aide d'un processus inclusif et basé sur une connaissance des attentes et des besoins des citoyens, permettant d'inscrire la communication publique au cœur de l'action locale et de mieux soutenir la mise en œuvre des objectifs de la commune, du Code des collectivités locales, et des principes du gouvernement ouvert. Elle suppose également de hiérarchiser et de planifier les activités de sorte qu'elles coïncident mieux avec le cycle de l'action publique afin de tenir les citoyens informés et de leur donner des possibilités de participer à la vie publique. Pour faciliter cette tâche, le centre de gouvernement pourrait élaborer un canevas que chaque municipalité pourrait ensuite adapter. De tels efforts aideraient les collectivités à faire évoluer les comportements des citoyens, et à passer d'une communication unidirectionnelle à un véritable dialogue.

- **Renforcer le cadre institutionnel** de la communication publique en définissant davantage les rôles de chaque acteur (personne chargée du site web, des réseaux sociaux ou des relations presse, membre des commissions municipales, personne chargée de l'accès à l'information, etc.). Pour cela, chaque municipalité devrait établir clairement ses besoins organisationnels et opérationnels en matière de communication. Dans un premier temps, en tenant compte des défis humains et financiers, la première étape consisterait à définir l'organigramme idéal qui permettrait à la municipalité de se reposer sur un service de communication efficace, même s'il n'est pas immédiatement possible de pourvoir tous les postes nécessaires. Cette démarche leur permettra d'avoir une idée plus précise de l'organisation optimale qu'elles souhaitent atteindre et d'œuvrer en conséquence dans le cadre de la répartition et de l'organisation actuelles du travail.

- **Créer des partenariats** avec le secteur privé, la société civile et les universités et travailler en coopération avec l'administration centrale et la Fédération Nationale des Villes Tunisiennes (FNVT), ainsi que le Centre de Formation et d'Appui à la Décentralisation (CFAD), afin de répondre aux besoins de formation et d'accompagnement des communicants. Il est en effet fondamental de **prévoir une série de formations** sur les outils de communication, les données ouvertes, l'usage des réseaux sociaux, leurs fonctionnalités et leur application aux missions de la municipalité, etc. En fonction du temps et des ressources de chaque commune, de telles formations peuvent prendre la forme de séminaires animés par des experts, de cours ou de modules organisés par des instituts spécialisés ou dispensés à distance. Dans tous les cas, un calendrier de formations sur trois ans pourrait être adopté au niveau de chaque municipalité et indiquer les thématiques et formats retenus afin de répondre aux besoins spécifiques de chacune d'elles.

- Élaborer un « **manuel du communicant** » et/ou des guides pratiques afin de soutenir les chargés de communication dans leurs missions. De tels guides existent au niveau national et peuvent être déclinés au niveau local. Ce manuel ou ces guides devront aborder la question de la distinction entre communication publique et communication politique.

  Un tel manuel pourra prendre la forme d'une publication ou fichier PDF et pourra traiter notamment des sujets suivants :

  - Différence entre la communication publique et la communication politique
  - Rôle d'un communicant local et description de la profession
  - Principes, valeurs et standards de communication
  - Pratiques, structures et protocoles de communication
  - Intégration de la communication dans le processus d'élaboration des politiques publiques municipales
  - Élaboration et mise en œuvre d'une stratégie de communication
  - Élaboration et mise en œuvre d'un plan de communication
  - Méthodes d'évaluation de l'impact des campagnes menées
  - Création et animation du site internet
  - Utilisation des réseaux sociaux
  - Relations avec les médias
  - Communication en période électorale
  - Communication de crise
  - Formations et développement professionnel du communicant

- Entretenir et renforcer le **réseau de communicants locaux** mis en place afin de favoriser l'échange des bonnes pratiques. Encourager également les échanges entre ce réseau et celui des communicants au niveau national. Cela peut notamment prendre la forme de différents groupes WhatsApp et Facebook classés par thématique de communication et réunissant les différentes parties prenantes afin de fluidifier le partage d'informations. Les différentes ressources et bonnes pratiques recensées pourront aussi être enregistrées sur un disque dur virtuel qui serait accessible uniquement en interne et sécurisé par un code secret. Celui-ci serait administré par un responsable désigné qui assurerait la mise à jour et la pertinence des ressources composant cette bibliothèque du communicant public. Chaque municipalité pourra proposer du contenu pour publication dès qu'elle estimera qu'une de ses actions, contenus ou ressources constitue un exemple de bonne pratique et présente un intérêt pour ses homologues.

- **Identifier les groupes-cibles et les outils les plus pertinents au niveau de chaque municipalité** et veiller à utiliser des outils de communication adaptés afin de toucher un plus large public (voir section 3).

- **Systématiser la publication d'informations sur les possibilités de participation à la vie publique** ou encourageant l'engagement des citoyens. Ces campagnes devront être planifiées et pourront prendre la forme de messages dans le journal local, sur le site internet ou sur les réseaux sociaux, par courrier ou encore par voie d'affichage.

- **Institutionnaliser les relations presse** via, par exemple, la création d'un fichier presse et d'outils d'interaction avec les médias, l'élaboration d'un guide sur la gestion des relations avec les médias, l'organisation de formations, etc. Le fichier presse est un répertoire de contacts servant à la fois d'aide-mémoire et de base de travail pour tout communicant dans ses relations avec les médias (envoi de communiqués et dossiers de presse, organisation d'interviews, invitations aux événements, voyages, salons, etc.). Il s'agit généralement d'un fichier Excel comportant autant d'onglets que de types de supports (ex. : presse locale ou régionale, quotidiens, hebdomadaires, télévisions, radios, blogs spécialisés, sites internet, presse spécialisée, etc.).

- **Susciter davantage l'intérêt des médias pour les affaires locales** en prenant l'initiative de les informer des sujets intéressant les citoyens, et ce, dans un langage adapté.

- **Établir des canaux de communication directe** (par exemple sur les réseaux sociaux) **régis par un code d'utilisation** permettant aux citoyens d'échanger avec l'administration sur des sujets prédéfinis, tels que les politiques locales et services municipaux (voir par exemple l'encadré 3.2 du chapitre 3).

- **Associer davantage** les **médias ou radios associatives** aux activités de communication des municipalités et des ministères.

18 |

Références

IRI (2019), *Public Opinion Survey: Residents of Tunisia*, International Republican Institute's Center for Insights Survey Research, https://www.iri.org/sites/default/files/wysiwyg/final_-_012019_iri_tunisia_poll.pdf. [2]

ISIE (2018), *Élections Municipales 2018: Taux de participation*, Instance Supérieure Indépendante pour les Élections, http://www.isie.tn/actualites/2018/05/07/elections-municipales-2018-taux-de-participation/ (consulté le 15 mai 2020). [1]

OCDE (2019), *Le gouvernement ouvert en Tunisie : La Marsa, Sayada et Sfax*, Examens de l'OCDE sur la gouvernance publique, Éditions OCDE, Paris, https://dx.doi.org/10.1787/9789264310902-fr. [7]

OCDE (2019), *Voix citoyenne en Tunisie: Le rôle de la communication et des médias pour un gouvernement plus ouvert*, Examens de l'OCDE sur la gouvernance publique, Éditions OCDE, Paris, https://dx.doi.org/10.1787/9789264306622-fr. [5]

OCDE (2017), *Gouvernement ouvert: Contexte mondial et perspectives*, Éditions OCDE, Paris, https://dx.doi.org/10.1787/9789264280984-fr. [4]

OCDE (2017), *Recommandation du Conseil sur le Gouvernement Ouvert*, OCDE, Paris, https://www.oecd.org/gov/Recommendation-Gouvernement-Ouvert-Approuv%C3%A9e-141217.pdf. [9]

OCDE/OGP (2019), *Communiquer autour du gouvernement ouvert : Un guide pratique*, OCDE, Paris, https://www.oecd.org/gov/open-government/communiquer%20autour%20du%20gouvernement%20ouvert.pdf. [10]

République Tunisienne - Présidence du Gouvernement (2018), « Troisième plan d'action national PGO 2018-2020 », http://www.ogptunisie.gov.tn/fr/index.php/2018/11/30/troisieme-plan-daction-national/ (consulté le 15 mai 2020). [8]

Statistiques Tunisie (2019), *General Census of the Population and the Household 2014 by Governorate*, http://regions.ins.tn/TNCNSRPRGVN2016/general-census-of-the-population-and-the-household-2014-by-governorates?governates=1000550-dar-chaabane&accesskey=wxklilb. [6]

Transparency International (2019), *Corruption Perceptions Index 2019*, https://www.transparency.org/cpi2018. [3]

Ville de Nanterre (2019), « Vie Citoyenne », https://www.nanterre.fr/2355-vie-citoyenne.htm (consulté le 15 avril 2019). [11]

Notes

1 La communication publique comprend l'ensemble des actions de communication d'une institution publique pour l'intérêt général. Elle est différente de la communication politique, laquelle est liée aux personnalités et partis politiques individuels, au débat politique ou aux élections. Les activités de communication publique incluent la fourniture d'informations d'intérêt public ainsi que la consultation et le dialogue avec les parties prenantes.

2 Le Partenariat pour un Gouvernement Ouvert (PGO) est un partenariat multilatéral qui regroupe 78 pays et de nombreux gouvernements locaux pour promouvoir un gouvernement ouvert et une bonne gouvernance en mettant en œuvre des plans d'action tous les deux ans.

3 Pour une analyse plus détaillée du gouvernement ouvert au niveau local, voir OCDE (2019[7]), *Le gouvernement ouvert en Tunisie : La Marsa, Sayada et Sfax.*

2 Gouvernance et initiatives relatives à la communication en Tunisie

Cette section analyse la manière dont les 11 municipalités tunisiennes s'organisent pour mettre en place des initiatives de communication publique. Elle étudie leur cadre de travail et examine si elles disposent ou non d'une stratégie ou d'un plan en la matière, de structures et de ressources adéquates, avant de passer en revue les défis et perspectives qui se font jour.

Stratégie de communication publique

Une stratégie s'entend comme le cadre qui fixe l'orientation de toutes les actions de communication. Elle englobe notamment la définition des objectifs à atteindre, la construction des messages, le choix des canaux et des outils utilisés, l'identification des publics cibles, les propositions budgétaires et le calendrier de mise en œuvre. Les réponses à l'enquête (voir graphique 2.1) montrent que la communication publique locale en Tunisie reste une activité menée au coup par coup, qui ne s'inscrit pas encore dans une stratégie de long terme.

Graphique 2.1. Stratégie de communication au niveau local en Tunisie

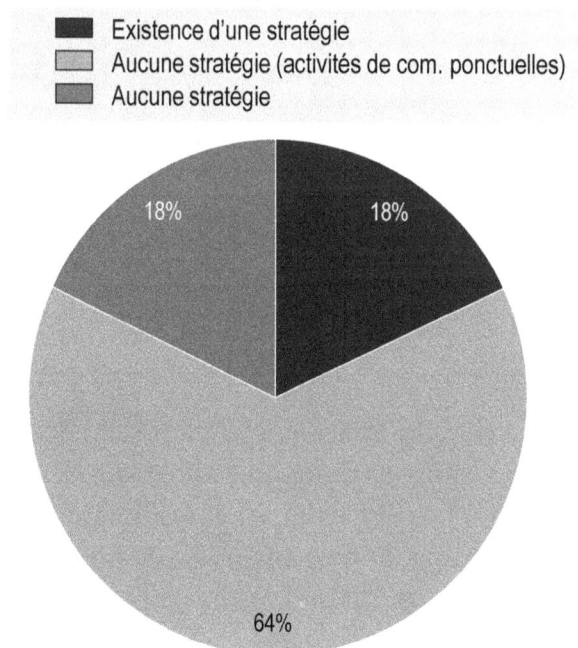

Source : OCDE (2019), Questionnaire sur la communication publique des collectivités.

Même si les réponses au questionnaire donnent à penser que 18 % des municipalités (soit deux d'entre elles) disposent d'une stratégie, il ressort des discussions que les municipalités rencontrées n'ont ni stratégies ni plans écrits — à l'exception de Carthage, où une stratégie est en cours d'élaboration grâce au soutien de la *Deutsche Gesellschaft für Internationale Zusammenarbeit* (GIZ). Généralement, la mise en œuvre d'une stratégie se décline en plans de communication qui font office de feuilles de route. Ces plans revêtent volontairement un caractère opérationnel ; ils s'appuient sur l'analyse des besoins internes et recensent les possibilités de dialogue qui s'offrent sur le territoire. En Tunisie, le manque de stratégies de communication renforce les difficultés de planification et de mise en œuvre des activités en la matière.

Ce constat tient en grande partie à un manque de ressources, de structures, de compétences et de formations. Par exemple, on ne sait pas exactement qui est chargé d'établir une telle stratégie, ni quel processus de validation a été retenu, alors même que les répondants à l'enquête indiquent que l'élaboration de la stratégie fait partie des attributions de la commission municipale chargée des médias, de la communication et de l'évaluation (voir la section « Les commissions permanentes du conseil municipal »).

L'élaboration d'une stratégie représente un important moment de dialogue entre le communicant, les services et les élus. C'est d'ailleurs au cours de ce processus de planification stratégique qu'il est le plus facile de sensibiliser les différents acteurs aux enjeux de la communication locale et/ou de les convaincre de son importance pour concrétiser des objectifs plus généraux de politiques publiques.

Même si, d'après l'enquête de l'OCDE, la plupart des municipalités ne mènent que des actions de communication au coup par coup, il en ressort qu'elles associent les parties prenantes à leurs activités, principalement les élus et la société civile, mais aussi les médias, les citoyens et le grand public. Ce résultat témoigne d'une démarche positive de dialogue, d'ouverture et de transparence.

De même, interrogées sur les objectifs de leur stratégie/activités de communication (3 au total), les municipalités citent en priorité l'information des citoyens sur les objectifs, activités, événements et échéances de la commune. Viennent ensuite la promotion de la transparence de l'action publique locale et le renforcement de la confiance. Encourager la participation des parties prenantes, induire un changement de comportement des citoyens et gérer les situations de crise ou d'urgence, sont moins cités — un constat confirmé par les discussions avec les municipalités lors de l'examen par les pairs.

On note ainsi que les objectifs dont la mise en œuvre nécessite des méthodes, compétences et outils plus complexes ou plus onéreux en termes de communication (ex. : induire un changement de comportement du public et gérer les situations de crise), sont moins recherchés. Il est probable que les objectifs évolueront à mesure que les méthodes gagneront en modernité et en complexité.

Organisation et cadres institutionnels de la communication publique

La circulation de l'information au niveau local est primordiale pour l'efficacité de la communication de l'État dans son ensemble et l'interaction avec les citoyens dans le contexte de la décentralisation à l'œuvre. L'État tunisien reste fortement centralisé au niveau des ministères et, à de rares exceptions près, les bureaux ou services de presse ne disposent pas de relais ni de stratégie spécifique au niveau local. De plus, il ressort des entretiens menés que, pour pouvoir fournir des informations fiables aux journalistes, les représentants locaux doivent préalablement transmettre la demande à l'administration centrale, retardant ainsi le délai de réponse. Dans ce contexte, les municipalités sont appelées à mettre en place des dispositifs facilitant l'interaction avec les citoyens dans les régions.

Organisation de la communication

Dans 73 % des communes interrogées, la communication est assurée par un(e) chargé(e) de communication, tandis que 18 % disposent d'une unité composée de plusieurs personnes, 9 % ont un(e) attaché(e) de presse et, dans 9 % des cas, personne ne se consacre spécifiquement à la communication. La communication publique locale est donc majoritairement assurée par un(e) seul(e) communicant dont le champ d'activité inclut une vaste palette de responsabilités couvrant les relations presse, l'animation et la mise à jour du site internet et des pages officielles sur les réseaux sociaux.

À cela s'ajoutent les responsabilités supplémentaires exercées dans d'autres domaines (par exemple : accès à l'information, informatique, gestion des plaintes, etc.) qui ne sont pas directement du ressort d'un chargé de communication, mais qui lui incombent en Tunisie en raison du manque général de ressources (voir graphique 2.2). Dans les faits, le pays compte environ 800 000 fonctionnaires, dont seulement 10 % au niveau infranational. Cette situation tend à se dégrader avec le gel des embauches en vigueur depuis environ 2015. Quant aux dépenses publiques des administrations locales tunisiennes, elles ne représentent que 4 % des dépenses publiques du pays, contre 40 % en moyenne dans les pays de l'OCDE (UCLG, 2016[1]).

Graphique 2.2. Autres responsabilités exercées par la personne ou l'équipe chargée de la communication

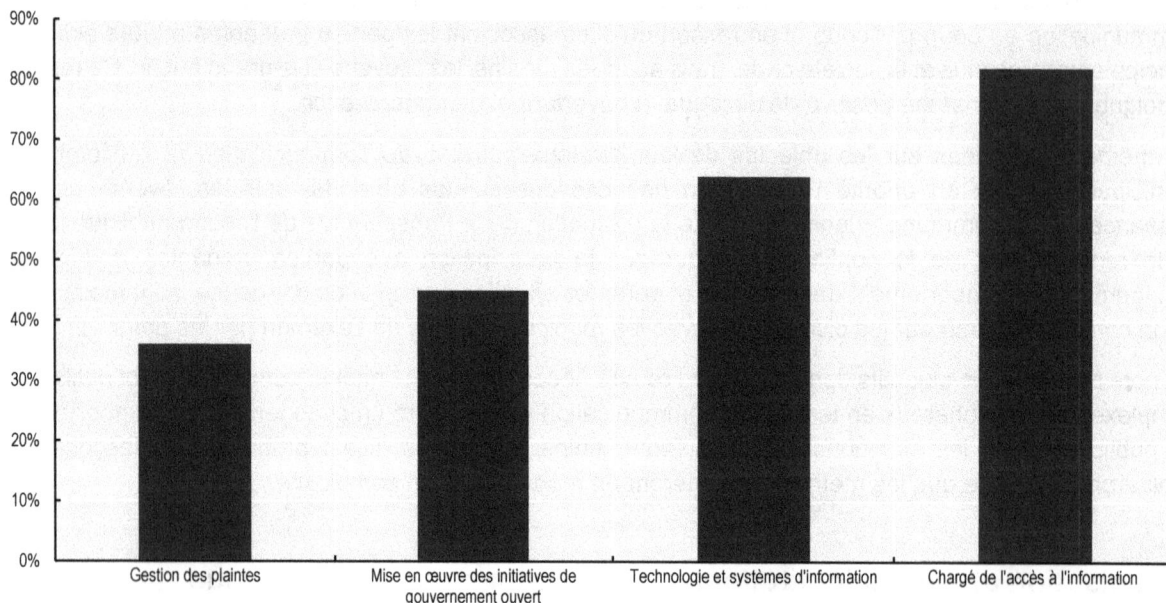

Source : OCDE (2019), Questionnaire sur la communication publique des collectivités.

Dans certaines communes, le chargé de communication est informaticien de formation. Il assure la maintenance du site internet tout en répondant aux demandes des citoyens. S'il peut solliciter ses collègues pour obtenir les réponses qui lui manquent et essayer ainsi d'offrir un service minimum, il n'en demeure pas moins qu'il n'est pas toujours outillé pour élaborer une stratégie ou un plan de communication professionnels. Dans certaines communes, comme à Tinja, c'est la maire elle-même qui répond aux requêtes des citoyens transmises par Facebook, car la commune ne dispose d'aucune ressource pour le faire.

Cette situation explique la disparité des compétences en communication au niveau des municipalités et met en évidence un important besoin de formation (par exemple en termes de relations presse, réseaux sociaux, évaluation, etc.) et d'outils standardisés simples d'utilisation (tel qu'un guide du communicant).

En effet, 64 % des municipalités n'ont accès à aucune formation sur l'utilisation des réseaux sociaux et seules 18 % ont bénéficié d'une formation sur l'interaction avec les médias, ce qui constitue un frein à l'amélioration de la communication publique. Dans les cas où des formations sont dispensées, elles le sont par la FNVT, le CFAD ou des organisations de la société civile.

Encadré 2.1. Le renforcement des compétences au sein du Bureau de la collectivité des Communications du Canada

Le Bureau de la collectivité des Communications (BCC) du Canada offre son appui aux professionnels de la communication afin de renforcer leurs compétences et de créer une communauté de pratique. Le Bureau fournit divers services, dont des activités de formation régulières et des actualités et renseignements sur la communication. Son Comité directeur comprend les Directeurs, Directeurs généraux (DG) et Sous-ministres adjoints (SMA) des Communications, et est chargé de définir une stratégie et des priorités en matière de renforcement des capacités dans les différentes régions du Canada.

Dans le cadre de son mandat, le BCC organise des ateliers de développement des compétences à destination des communicants institutionnels, en présentiel et au moyen de MOOC, de webinaires ou de sessions WebEx. Ces activités sont généralement animées par un spécialiste qui transmet son expertise, ses connaissances et son expérience d'une nouvelle approche, d'un nouvel outil ou d'un nouveau défi, favorisant ainsi la diffusion des connaissances au sein de l'administration. En 2018, le BCC a organisé une série d'ateliers mensuels sur des sujets pertinents comme :

- La communication avec la génération du millénaire
- L'organisation de campagnes à fort impact sur les réseaux sociaux
- La schématisation des parcours
- La puissance du langage clair
- La rédaction des discours
- La crise des opiacés : pourquoi les mots comptent
- Comment les communicants contribuent au succès sur le web
- Les mots sont importants : glossaire des termes autochtones
- Organiser des événements inclusifs et accessibles
- La recherche sur l'opinion publique au sein du gouvernement
- Les robots conversationnels — comprendre cette solution intelligente

Le BCC organise en outre un autre événement important, le Jour annuel de l'apprentissage, qui a rassemblé en 2018 plus de 700 communicants venus de tout le pays pour apprendre, partager et se connaître.

Source : Gouvernement du Canada (2019[2]), « Communications Community Office 2018-2019 Annual Report », https://www.canada.ca/en/privy-council/services/communications-community-office/reports/annual-2018-2019-fiscal-year.html

L'insuffisance des ressources humaines est un défi majeur dans la majorité des pays du monde. En France, 40 % des services de communication des collectivités locales comptent moins de trois personnes (Mazuy, 2015[3]). Les municipalités devront donc mettre en œuvre des approches innovantes peu gourmandes en ressources humaines, par exemple en établissant des partenariats entre elles, avec la société civile et le milieu universitaire, ou encore avec l'administration centrale. Les organisations de soutien aux municipalités, telles que la FNVT et la CFAD, pourraient également proposer davantage de possibilités de formations ainsi que des guides sur la communication, à l'aide par exemple d'outils numériques (ex : élaboration de MOOC,[1] voir encadré 2.1). Enfin, entretenir les échanges au sein du réseau de communicants au niveau local créé, le cas échéant, dans le cadre du projet « voix citoyenne » peut également porter ses fruits (voir encadré 2.2).

Encadré 2.2. Réseaux de communication locale dans les pays de l'OCDE

Le soutien de l'association des collectivités locales aux communicants locaux au Royaume-Uni et le réseau de communication du Nouvelle-Galles du Sud en Australie

Au Royaume-Uni, le réseau communicants-parlementaires de l'Association des collectivités locales (Local Government Association's Communications and Parliamentary Network) a pour objet d'aider les responsables de la communication, de la stratégie et des politiques travaillant au sein des collectivités locales du Royaume-Uni dans leurs relations avec les parlementaires, l'administration centrale et les parties prenantes.

Les membres du réseau reçoivent des bulletins hebdomadaires sur l'actualité du réseau et un résumé de l'agenda politique des collectivités locales. Ils reçoivent également des invitations à des événements réguliers du réseau, des lettres d'information et des rapports, ainsi que des éclairages sur des questions débattues au parlement concernant les conseils locaux.

Le NSW Communications Network (réseau de communication de la région de la Nouvelle-Galles du Sud) est une liste de distribution email et un forum web conçus pour faciliter la collaboration et les relations entre professionnels de la communication travaillant pour les conseils municipaux de la Nouvelle-Galles du Sud. À travers ce réseau, les communicants de chaque commune peuvent échanger entre eux stratégies, ressources et informations concernant la communication et les médias, et recevoir des conseils sur leurs activités. Le réseau est un groupe Google, que l'on peut rejoindre au moyen d'un simple lien après avoir créé un compte.

Source : https://www.local.gov.uk/parliament/comms-hub-parliamentary-network ; https://www.lgnsw.org.au/files/imce-uploads/127/lgnsw-communications-network-instructions.pdf.

Ressources financières

Concernant les ressources financières, 27 % des municipalités ne disposent pas d'un budget global spécifiquement dédié à la communication publique. La plupart disposent d'un budget ponctuel par activité (voir graphique 2.3).

Au-delà de la problématique générale des contraintes budgétaires, tant au niveau local que national, les obstacles que rencontrent les municipalités tunisiennes semblent aussi liés à un manque de flexibilité budgétaire et à la difficulté à utiliser les ressources mises à leur disposition. Par exemple, les communicants ne peuvent engager de dépenses qui ne soient imputables sur une ligne budgétaire spécifique. Or la communication publique ne semble correspondre à aucun poste du budget local. Des formations ou guides sur l'utilisation optimale des ressources municipales permettraient d'élargir les possibilités. Par ailleurs, des partenariats publics-privés peuvent également être envisagés (voir encadré 2.3).

Graphique 2.3. Budget de communication

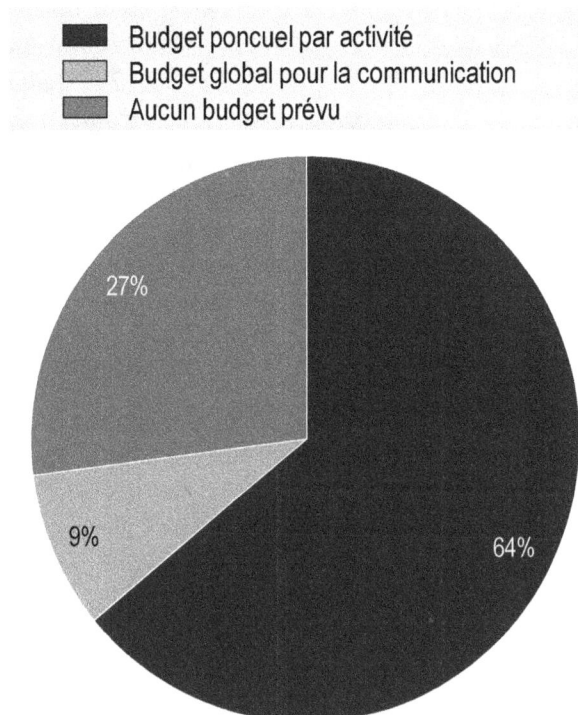

- Budget poncuel par activité
- Budget global pour la communication
- Aucun budget prévu

27%

9%

64%

Source : OCDE (2019), Questionnaire sur la communication publique des collectivités.

Encadré 2.3. Des partenariats entre municipalités et secteur privé

« **Connected Citizens** » est un exemple de programme d'échange gratuit de données anonymisées. Lancé en octobre 2014, il permet aux villes et autorités de transport d'échanger des données avec l'application sociale de navigation « Waze ». Cette dernière partage les rapports d'incidents créés par ses utilisateurs (accident de la route, embouteillage, signalement de nid de poule, etc.) en temps réel. Les partenaires peuvent accéder à cette information et réagir en conséquence. En échange, Waze obtient des données sur les fermetures de routes et les travaux à venir. Chacun peut enrichir sa base de données pour en faire bénéficier ses utilisateurs, qui ont ainsi accès à des données complètes sur les conditions de circulation. Ce partage peut contribuer au pilotage des politiques de transport et au recensement des problèmes d'infrastructure nécessitant un traitement prioritaire.

La ville de Boston a utilisé les données de Waze pour identifier les points de congestion dans sa zone portuaire et a ensuite ajusté l'alternance des feux tricolores aux carrefours les plus sensibles pour fluidifier le trafic. Les bouchons ont diminué de 18 % les trois premiers mois. De la même manière, Rio de Janeiro a recensé les zones les plus accidentogènes grâce aux données de Waze. La municipalité s'étant rendu compte qu'il s'agissait souvent de zones non éclairées la nuit, elle a par la suite accordé une attention particulière à l'éclairage de ces zones.

Source : 2017 entretien RFI avec Jérôme Marty, Directeur France de Waze, http://www.rfi.fr/technologies/20170609-waze-gps-data-smart-city.

Les commissions permanentes du conseil municipal

L'article 210 du Code des collectivités locales prévoit la formation de commissions permanentes dans les domaines de « la démocratie participative et la gouvernance ouverte » et « les médias, la communication et l'évaluation ». Ces commissions pourraient être un pilier important de la communication publique locale.

À ce jour, toutes les communes ayant participé à l'enquête indiquent avoir formé une commission relative à la démocratie participative et la gouvernance ouverte, chargée de mener une réflexion ou d'élaborer des initiatives relatives à la démocratie participative et l'administration ouverte (73 %), à la communication autour des activités s'y rapportant (64 %), et à la consultation des citoyens et des autres parties prenantes (45 %). Dans le respect des obligations légales de transparence et de démocratie participative imposées aux communes, ces commissions assurent notamment le suivi de l'application du droit d'accès à l'information et la tenue du registre de la population de la commune. Le rôle de la communication comme instrument de mise en œuvre de l'administration ouverte prend ici tout son sens.

De plus, 64 % des communes ont aussi mis en place la commission relative aux médias, à la communication et à l'évaluation, notamment chargée de l'élaboration de la stratégie de communication de la municipalité (67 %), du dialogue et de la concertation avec les médias (67 %) et de la mise en œuvre des relations avec les médias (56 %) (voir graphique 2.4).

Graphique 2.4. Attributions de la commission relative aux médias, à la communication et à l'évaluation

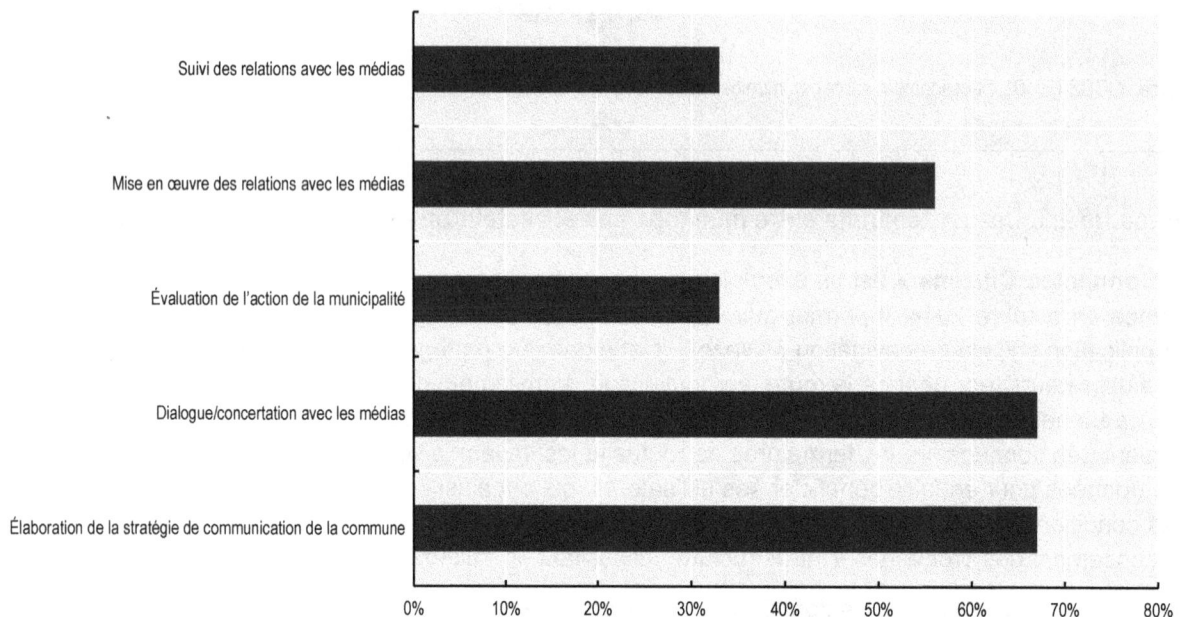

Source : OCDE (2019), Questionnaire sur la communication publique des collectivités.

Si les commissions semblent avoir été créées dans la plupart des communes, les modalités d'interaction avec le chargé de communication et le mode de collaboration le plus adapté pour améliorer l'information des citoyens, n'ont pas encore été clairement établis. Il sera donc nécessaire de mieux définir les rôles et la répartition des responsabilités avec les communicants locaux.

Évaluation

Certaines communes utilisent les outils d'évaluation à bon escient (54 % ont mis en place des boîtes à idées et 36 % utilisent des sondages et enquêtes - voir graphique 2.5) pour évaluer la perception de l'action publique locale, mais la plupart ont indiqué ne procéder à aucun suivi ni évaluation de leur stratégie. Quelques-unes évaluent les initiatives mises en œuvre.

De manière générale, il n'existe pas, en Tunisie, de processus d'évaluation ni de suivi structuré et systématique de l'opinion du public à l'égard de la communication locale. Par conséquent, les équipes de communication ne disposent pas suffisamment d'éléments objectifs pour élaborer leurs activités ou, le cas échéant, repenser leur stratégie afin de mieux répondre aux attentes de leurs citoyens.

Graphique 2.5. Évaluation de la communication publique locale

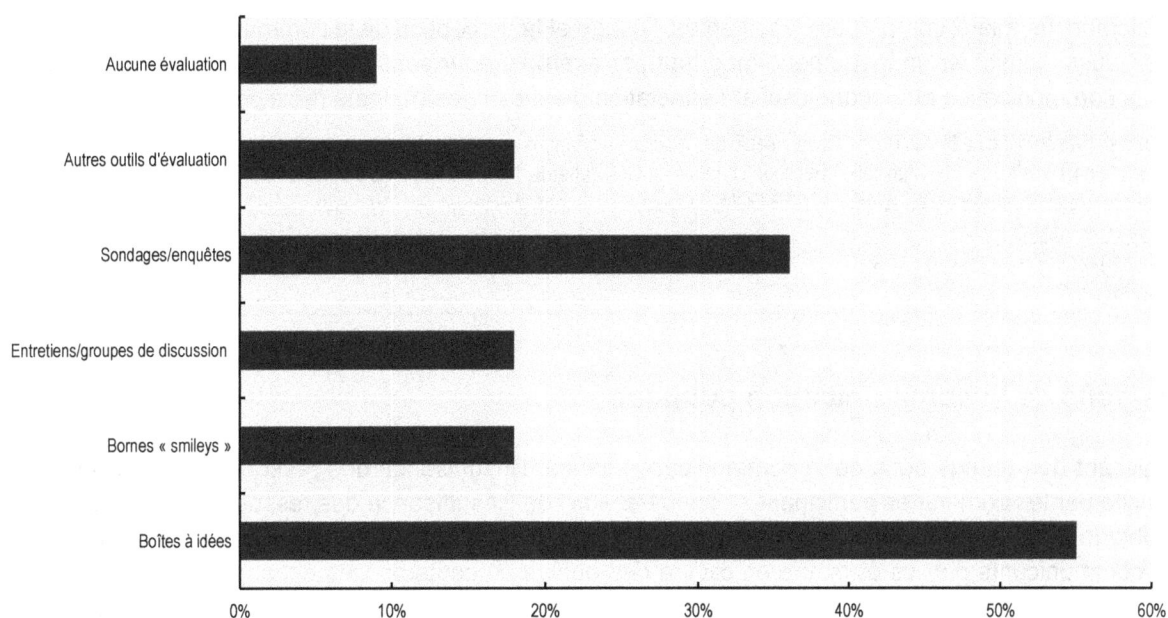

Source : OCDE (2019), Questionnaire sur la communication publique des collectivités.

Les municipalités pourraient donc envisager d'évaluer les campagnes de communication menées et d'intégrer un module en ce sens dans les formations à l'intention des communicants afin d'instaurer une culture de l'évaluation. Un processus d'évaluation pourrait également être prévu dès le stade de l'élaboration d'une stratégie ou d'un plan de communication.

Encadré 2.4. Exemples d'évaluation d'initiatives de communication dans les pays de l'OCDE

L'exemple de la commune d'Ancône en Italie montre qu'il est important d'analyser quotidiennement les actions de communication et leur impact auprès des citoyens. L'équipe de communication d'Ancône reporte en effet quotidiennement dans un tableau ad hoc les supports de communication utilisés, les sujets abordés et les retours des utilisateurs. Ces données sont ensuite agrégées tous les mois et viennent enrichir les statistiques et les rapports mensuels sur le retour d'information des citoyens et les évaluations.

En France, un baromètre de la communication locale créé en 2009 permet de mesurer tous les deux ans l'impact des actions de communication, l'évolution des attentes des citoyens ainsi que leur niveau de satisfaction. Dans le dernier baromètre publié en 2018, 57 % des Français estiment par exemple que l'information locale leur permet de mieux utiliser les services publics. Cet outil permet non seulement de mieux comprendre les attentes, l'usage et la perception de la communication locale, mais peut aussi constituer un instrument important par exemple pour sensibiliser certains élus aux enjeux de la communication ou encore justifier l'affectation d'enveloppes budgétaires à certaines activités.

Sources : Présentation de Marco Porcu, Responsable des médias numériques de la Ville d'Ancône, lors de l'atelier « Vers des Municipalités Ouvertes en Tunisie : La Communication Publique Locale et le Gouvernement Ouvert » le 23 Octobre 2019 à Sousse ; Bernard Deljarrie, Les Français et la com locale en six points, CAP-COM, 3 Octobre 2019, http://www.cap-com.org/actualit%C3%A9s/les-francais-et-la-com-locale-en-six-points.

Les défis de la communication publique

S'agissant des grands défis de la communication locale, l'insuffisance des ressources humaines est le plus cité par les communes participant à l'enquête, suivi de l'insuffisance des ressources financières (voir graphique 2.6). On l'a vu, il faudrait déployer des approches innovantes pour renforcer les compétences des communicants publics et mettre en œuvre des outils peu coûteux. Des échanges entre collectivités pourraient permettre de trouver des solutions à ces défis. Cependant, la plupart des communes (91 %) déclarent qu'il n'existe pas de plateforme d'échange permettant aux municipalités de recevoir un soutien, de partager des informations ou de diffuser les meilleures pratiques. Carthage utilise toutefois le réseau « Madinaty », qui regroupe 18 communes et a organisé quelques formations, dont le mode de fonctionnement pourrait servir de modèle.

Graphique 2.6. Principaux défis de la communication locale

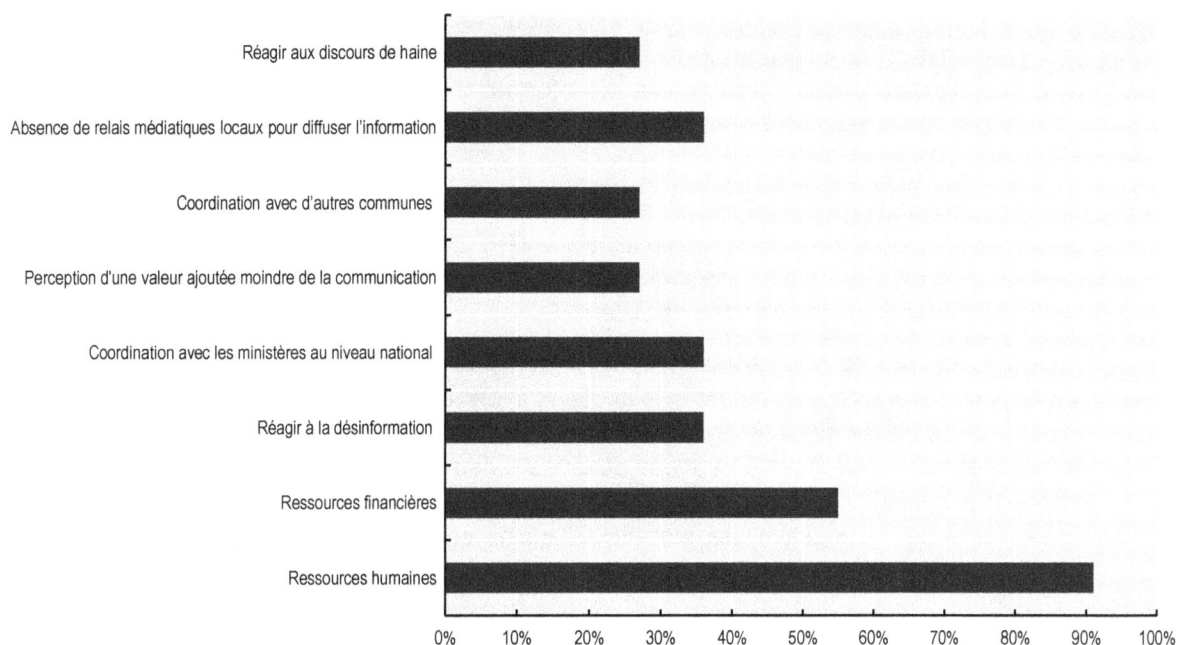

Source : OCDE (2019), Questionnaire sur la communication publique des collectivités.

En Tunisie, 36 % des communes comptent la lutte contre la désinformation au nombre de leurs principaux défis, mais seules 27 % d'entre elles déclarent avoir pris des mesures en ce sens. À Kébili par exemple, un réseau d'information (encore informel) composé de représentants de la municipalité est chargé de réagir aux publications problématiques. À Médenine, chaque commentaire ou demande publiée sur un réseau social est transmis au comité municipal le plus pertinent, en fonction du sujet concerné. À Zriba, les informations inexactes sont explicitées sur la page internet ou Facebook de la commune et examinées lors des réunions du conseil municipal.

La désinformation est un problème majeur pour les pouvoirs publics du monde entier, et les municipalités en particulier. Elle a un impact profond sur la démocratie et la confiance des citoyens. Selon le rapport Edelman Trust Barometer, moins de 40 % de la population des pays membres de l'OCDE font confiance aux médias (Edelman, 2018[4]). Des mesures sont donc proposées par différents pays pour lutter contre ce fléau. L'Union européenne a mis en place un fonds dédié, un système d'alerte rapide et un Code de bonnes pratiques pour les plateformes en ligne (Commission européenne, 2018[5]). Le Royaume-Uni a quant à lui mis au point une boîte à outils, RESIST, pour aider les communicants à repérer les contenus dangereux en ligne et adopter les bonnes réactions (Government Communication Service, 2019[6]). En Tunisie, comme évoqué dans le rapport *Voix Citoyenne en Tunisie* (OCDE, 2019[7]), il n'existe pas à ce jour de politique publique relative à la désinformation. Des progrès restent donc à accomplir pour lutter plus efficacement contre ce problème. Une réflexion commune devra être engagée au sein des municipalités tunisiennes et en coopération avec l'administration centrale et des institutions indépendantes telles que la HAICA, afin de partager les expériences en la matière et d'encourager la mise en œuvre de solutions adaptées.

Communication publique et participation citoyenne

Depuis la révolution de 2011, les citoyens tunisiens jouent un rôle de plus en plus prépondérant dans la vie publique de leur pays. Mais pour pouvoir participer efficacement à la vie publique, les citoyens et les médias doivent pouvoir accéder facilement aux informations utiles. Cet impératif confère aux communicants publics une position clé pour favoriser une plus grande participation et une administration plus ouverte.

La publication proactive de l'information par les collectivités constitue un moyen essentiel de sensibiliser les citoyens, et est indispensable à une participation éclairée. La publication de certaines informations, comme les appels d'offres, peut également contribuer à la lutte contre la corruption, et ainsi, favoriser la mise en œuvre des principes du gouvernement ouvert.

Il ressort des entretiens que les collectivités ne sont pas toujours au fait de la manière dont les outils de communication peuvent servir les objectifs d'administration ouverte. La publication proactive de l'information est un aspect essentiel à cet égard. Selon les résultats du questionnaire, 73 % des communes publient des informations sous forme de données ouvertes (*open data*) ; c'est notamment le cas pour les comptes rendus du conseil municipal, les permis de construction, les informations financières et budgétaires, les dépenses et recettes, les statistiques sur la population et le logement, les projets et équipements municipaux, ou encore les documents nécessaires et délais légaux relatifs à la prestation de services, etc. (voir graphique 2.7). Il est cependant apparu qu'il existe une certaine confusion autour de la question des données ouvertes, et sur la manière de les publier pour qu'elles soient considérées comme telles, à savoir pleinement accessibles et lisibles (par exemple en format Excel) et dans des formats permettant leur exploitation et leur réutilisation.[2]

Graphique 2.7. Publication proactive de l'information

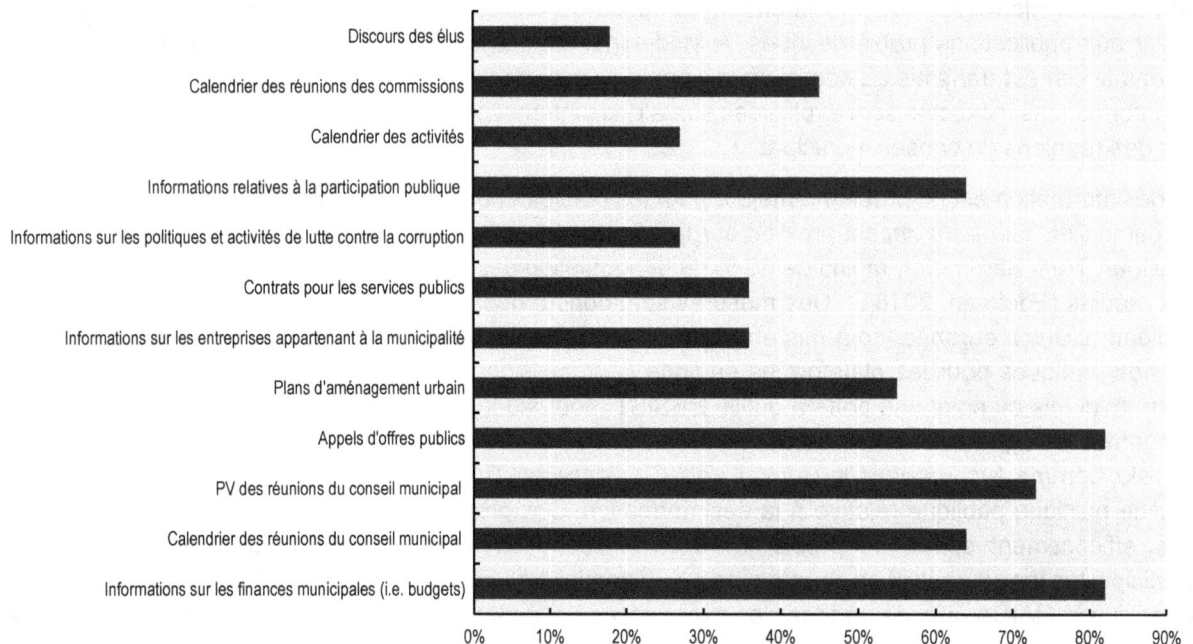

Source : OCDE (2019), Questionnaire sur la communication publique des collectivités.

Selon l'enquête de l'OCDE, les collectivités publient spontanément un certain nombre d'informations, notamment liées aux finances/budget (82 %) et aux appels d'offres (82 %). La publication d'informations relatives aux calendriers des réunions du conseil municipal (64 %) et des commissions municipales (45 %) ainsi qu'aux possibilités de participer à la vie locale (64 %) est une pratique à l'œuvre, qui gagnerait toutefois à être renforcée.

L'ouverture des données municipales peut créer d'importantes retombées économiques au niveau local. Ces données peuvent par exemple être utilisées pour mieux comprendre les possibilités d'investissements ou le potentiel économique et financier d'une ville. On s'accorde d'ailleurs à reconnaître le lien entre l'ouverture des données et l'émergence de la ville intelligente (*smart city*), via le développement d'applications numériques.

Si la démarche de publication témoigne d'un réel effort de transparence conforme aux exigences de l'administration ouverte, il ressort des discussions que les collectivités ne sont pas suffisamment formées pour valoriser les données rendues publiques. L'ouverture des données est un sujet de communication en soi, l'idée étant d'éclairer les citoyens, les médias ainsi que le secteur privé sur ses enjeux. Elle devrait donc faire l'objet d'une campagne de communication dédiée mobilisant à la fois les supports traditionnels et numériques, et d'une campagne de formation à l'intention de la municipalité. À cet égard, une coopération avec le secteur privé et des organisations de la société civile tunisiennes pourrait être envisagée. Onshore et Al Bawsala soutiennent déjà certaines municipalités en la matière. L'administration centrale, et en particulier le service chargé de l'administration électronique, pourrait également accompagner les municipalités sur ce sujet.

Recommandations

Afin d'améliorer rapidement et efficacement la communication publique locale au niveau des communes en Tunisie, il convient d'envisager les éléments suivants :

- Il est tout d'abord nécessaire **d'analyser les besoins, attentes et spécificités de chaque commune**, par exemple par le biais d'un sondage récurrent, afin qu'ils servent de fondement à **une stratégie dédiée ou un plan de communication** incluant des objectifs, cibles, messages, outils et activités précis, réalisables à moyen terme, ainsi qu'un processus d'évaluation. Ces sondages peuvent par exemple prendre la forme d'enquêtes ou questionnaires papier et électroniques (ex. : sondage Facebook) permettant d'évaluer les attentes et la satisfaction des collectivités locales, communicants publics, citoyens et autres parties prenantes. Les questions suivantes pourraient notamment être posées :
  - Consultez-vous les pages officielles de votre commune ?
  - Quel support (site internet, page Facebook, affichage) consultez-vous le plus pour obtenir des informations sur votre commune ?
  - Votre commune communique-t-elle efficacement sur les actions qu'elle mène ?
  - Quel devrait être selon vous l'objectif principal de la communication municipale ?
    - Valoriser le territoire et les opportunités
    - Communiquer sur les activités organisées
    - Renforcer la transparence de l'action publique
    - Renforcer la participation citoyenne
    - Sensibiliser les citoyens et changer les comportements
  - Comment évaluez-vous le ton des communications municipales ? Est-il bien adapté au public local ?
  - Aimeriez-vous voir plus de ressources consacrées à la communication dans tel ou tel domaine d'intervention ?
  - Trouvez-vous que votre commune communique suffisamment sur tel ou tel sujet ?

- o Quelle devrait être selon vous la priorité en matière de communication l'année prochaine ?
- L'élaboration de la stratégie/du plan permettra également de **mieux définir la répartition des missions entre les commissions municipales et l'administration et leurs rôles respectifs**. La nouvelle commission relative à la démocratie participative et la gouvernance ouverte est un acteur important pour l'interaction avec les citoyens, tandis que la commission relative aux médias, la communication et l'évaluation — dont la mise en place devrait être envisagée par toutes les communes — confirme l'importance de la communication publique au sein de l'action municipale.
- Cette stratégie devra également prévoir l'organisation d'une série de **formations ciblées** (ex. : utilisation des messageries et communication narrative, communication numérique et réseaux sociaux, évaluation) prenant bien en compte les spécificités de chaque collectivité. L'administration centrale ainsi que des organisations telles que la FNVT et la CFAD sont appelées à offrir des formations, par exemple via l'élaboration de guides ou d'un MOOC.
- D'autre part, il est important de continuer à favoriser les échanges informels entre les municipalités afin de pallier le manque de ressources et encourager le partage des bonnes pratiques grâce **à la mise en place d'un réseau dédié aux communicants locaux sur Facebook ou WhatsApp**. Ce réseau pourrait également être l'occasion d'engager une réflexion autour des réponses possibles pour lutter contre la désinformation.
- **La création d'un réseau interne à chaque commune, physique ou virtuel** (exemple sur WhatsApp), qui réunit périodiquement les responsables de chaque service ou direction de la commune, **peut aider à recenser les informations à mettre en avant,** avant leur publication sur les réseaux sociaux ou le site web.
- De la même manière, la communication étant l'affaire de tous, les communicants devraient aussi **sensibiliser davantage les élus et autres agents publics** à ses enjeux afin que ceux-ci participent plus activement à son développement et deviennent forces de proposition. Pour cela, les municipalités pourraient notamment considérer la diffusion d'une lettre d'information trimestrielle au sein de l'administration. Cette lettre décrirait les actions et activités de communication et serait accompagnée d'un court questionnaire électronique visant à recueillir les avis et recommandations de chacun afin d'améliorer progressivement les pratiques de communication.
- **Les partenariats avec le secteur privé, la société civile et les universités** notamment pour l'utilisation de certaines applications, permettent aussi de remédier efficacement au manque de ressources des collectivités publiques tout en offrant de nouveaux canaux de communication entre l'administration et les citoyens.
- Par ailleurs, il serait utile de renforcer la **publication proactive de l'information** et la mise à la disposition des citoyens et journalistes de **données ouvertes**. Une coopération avec le secteur privé et des organisations de la société civile tunisiennes pourrait être envisagée pour ce faire. L'administration centrale, en particulier le service chargé de l'administration électronique, pourrait également fournir un soutien aux municipalités en la matière.

Références

Commission européenne (2018), *Code of Practice on Disinformation*,   [5]
    https://ec.europa.eu/digital-single-market/en/news/code-practice-disinformation.

Edelman (2018), *Edelman Trust Barometer Global Report*,   [4]
    https://www.edelman.com/research/2018-edelman-trust-barometer.

Gouvernement du Canada (2019), "Communications Community Office 2018-2019 Annual   [2]
    Report", https://www.canada.ca/en/privy-council/services/communications-community-
    office/reports/annual-2018-2019-fiscal-year.html (accessed on 15 May 2019).

Government Communication Service (2019), *RESIST: Counter-Disinformation Toolkit*,   [6]
    https://gcs.civilservice.gov.uk/guidance/resist-counter-disinformation-toolkit/.

Mazuy, B. (2015), *La communication locale des collectivités*,   [3]
    https://www.cospirit.com/magazine/la-communication-locale-des-collectivites/.

OCDE (2019), *Voix citoyenne en Tunisie : Le rôle de la communication et des médias pour un*   [7]
    gouvernement plus ouvert, Examens de l'OCDE sur la gouvernance publique, Éditions
    OCDE, Paris, https://dx.doi.org/10.1787/9789264306622-fr.

UCLG (2016), *Subnational Governments Around the World: Structure and Finance*,   [1]
    https://www.uclg.org/sites/default/files/global_observatory_on_local_finance_0.pdf.

Notes

[1] Le MOOC, ou « massive open online course » est un type de formation à distance.

[2] Voir la Recommandation du Conseil sur les stratégies numériques gouvernementales de l'OCDE (2014), https://legalinstruments.oecd.org/fr/instruments/OECD-LEGAL-0406

3 Outils de communication, groupes-cibles et relations presse en Tunisie

Cette section passe en revue les outils de communication utilisés par les collectivités tunisiennes. Elle revient également sur les publics cibles des communes étudiées. Enfin, compte tenu du poids des réseaux sociaux en Tunisie, une sous-partie leur est spécifiquement consacrée.

Outils de communication

Les outils ou supports de communication sont les canaux permettant de transmettre des informations et de diffuser des messages donnés. Le choix des différents outils repose sur plusieurs critères, notamment les objectifs, le budget et les ressources humaines disponibles et les publics ciblés.

Il ressort de l'analyse que les collectivités tunisiennes n'utilisent qu'un nombre limité d'outils de communication, certains étant estimés trop onéreux (ex. régie publicitaire) ou trop gourmands en ressources humaines. Une seule commune semble avoir noué un contrat de parrainage (contenus sponsorisés) avec une radio locale pour diffuser ses messages.

Communication traditionnelle

Les outils traditionnels comme l'affichage, les radios locales et les réunions ou conférences municipales, continuent d'être utilisés. Ils sont certes plus coûteux que les outils numériques et nécessitent davantage de travail en amont, mais ils permettent de communiquer sur des sujets de fond et de toucher un large public, y compris des populations marginalisées (peu alphabétisées ou n'ayant pas accès à internet). Quelques communes affirment par ailleurs faire usage des fêtes de quartiers ou de ville pour communiquer avec les citoyens, ou organiser des journées portes ouvertes pour les recevoir. En revanche, rares sont les communes à recourir aux lettres d'information (27 %), de sorte que la fréquence de leurs communications n'est pas toujours régulière. Les médias nationaux ne sont pas non plus privilégiés en raison de leur caractère national et de leur faible présence dans les régions.

Encadré 3.1. France : l'initiative « Ici Rennes »

Né d'ateliers de concertation avec des habitants, « Ici Rennes » est un média dédié à l'actualité des politiques publiques. Il s'appuie sur un dispositif éditorial numérique complet : une application mobile gratuite ; des réseaux sociaux dédiés ; une lettre d'information ; une plateforme de podcasts et une diffusion hebdomadaire sur les panneaux numériques de la ville. Sa vocation est de contribuer à mieux informer les habitants sur l'action publique locale pour retisser le lien de confiance entre les citoyens et l'institution.

Source : Grand Prix CapCom 2019.

D'après les résultats de l'enquête, 64 % des communes mènent des campagnes de communication. Celles-ci portent par exemple sur le recouvrement des taxes, l'amnistie fiscale de 2019 ou encore la participation des citoyens aux plans annuels d'investissement. Il s'agit de sensibiliser le public sur des sujets de société et d'encourager des changements de comportement (par exemple s'agissant des campagnes sur la sécurité routière ou les violences faites aux femmes). Les collectivités tunisiennes devraient donc continuer à utiliser ce type d'outil et y recourir de manière plus ciblée selon leurs besoins.

Communication numérique

Pour communiquer avec la population, les moyens les plus utilisés par les municipalités sont les outils numériques, notamment le site officiel et les réseaux sociaux (utilisés par toutes les municipalités, voir graphique 3.1). Cela dénote un effort d'ouverture et d'interactivité privilégiant des messages courts et instantanés.

Graphique 3.1. Outils de communication

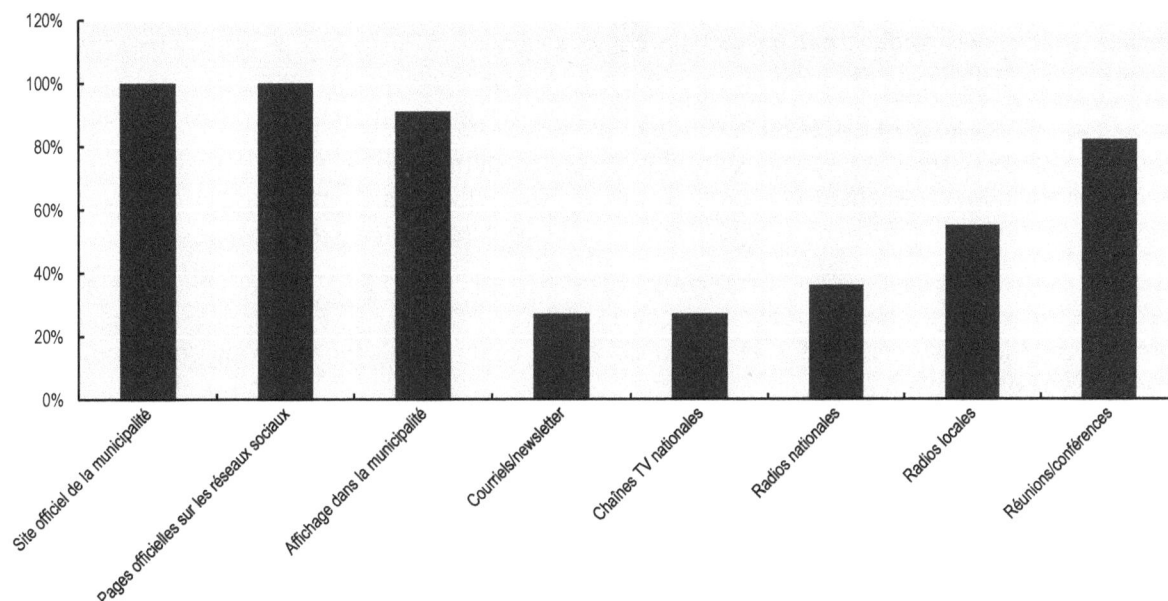

Source : OCDE (2019), Questionnaire sur la communication publique des collectivités.

Grâce à sa simplicité d'utilisation, sa gratuité et son large choix de fonctionnalités, ainsi que sa popularité parmi les Tunisiens, Facebook est de loin l'outil privilégié. Quant au site internet, si toutes les communes en ont un, ce dernier n'est pas toujours mis à jour ni consulté régulièrement, contrairement aux réseaux sociaux. Il ressort des entretiens que les sites sont surtout visités par la diaspora tunisienne et les résidents étrangers, plutôt que par les citoyens sur le territoire, qui préfèrent consulter les réseaux sociaux pour obtenir des réponses rapides et actualisées.

Site internet

Il semble qu'il n'existe pas actuellement de charte graphique ni de lignes directrices visant à harmoniser les sites internet des différentes collectivités tunisiennes, de sorte que chacune est libre de gérer son contenu et le format comme elle le souhaite. Cette situation peut créer des disparités s'agissant de l'information disponible et des possibilités de participation à la vie publique en fonction de la situation géographique. Par exemple, le format des sites ne le rend pas toujours accessible depuis les tablettes ou téléphones mobiles.

L'analyse des pratiques de communication numérique au niveau local atteste néanmoins que les collectivités s'emploient résolument à améliorer leur communication sur les possibilités offertes aux citoyens de participer à la vie publique. Elles ont notamment déployé des efforts pour créer une section dédiée à l'accès à l'information sur leurs sites officiels, encourageant ainsi les citoyens à effectuer des demandes.

Il convient désormais d'accentuer ces efforts. Toutes les municipalités ne disposent pas, par exemple, de rubriques dédiées aux processus de plainte ni d'espaces de commentaires ou d'échanges. Il serait donc utile de développer les possibilités d'interaction qu'offrent les sites internet (ex. : création d'une rubrique « Commentaires ») et d'y inclure des documents de références (ex. : textes législatifs, guides, explications et instructions pratiques sur l'utilisation des différents instruments disponibles) qui aideraient les citoyens à mieux cerner et davantage utiliser les nouveaux modes de participation à la vie locale.

Réseaux sociaux

Les réseaux sociaux ont bouleversé la communication traditionnelle dans tous les pays du monde, remplaçant le modèle vertical par un modèle conversationnel. Ces nouveaux outils nécessitent une adaptation de la tonalité et des contenus des messages et une réactivité plus immédiate.

L'enjeu pour les collectivités est de parvenir à être présentes sur les réseaux sociaux, tout en acceptant les nouvelles règles du jeu : engagement, spontanéité et décentralisation de la parole. Pour cela, la plupart des institutions doivent repenser leur organisation et leurs pratiques et même intégrer de nouvelles compétences comme la gestion de la présence sur les réseaux (*community management)*.

La Tunisie compte plus de 7 millions d'utilisateurs Facebook en 2019, 1 900 000 utilisateurs Instagram et 1 000 000 d'utilisateurs LinkedIn (Digital Discovery, 2019[1]). On l'a vu, Facebook est la plateforme privilégiée à la fois des collectivités et du public. Deux communes interrogées utilisent YouTube et Instagram (voir graphique 3.2).

Graphique 3.2. Utilisation des réseaux sociaux

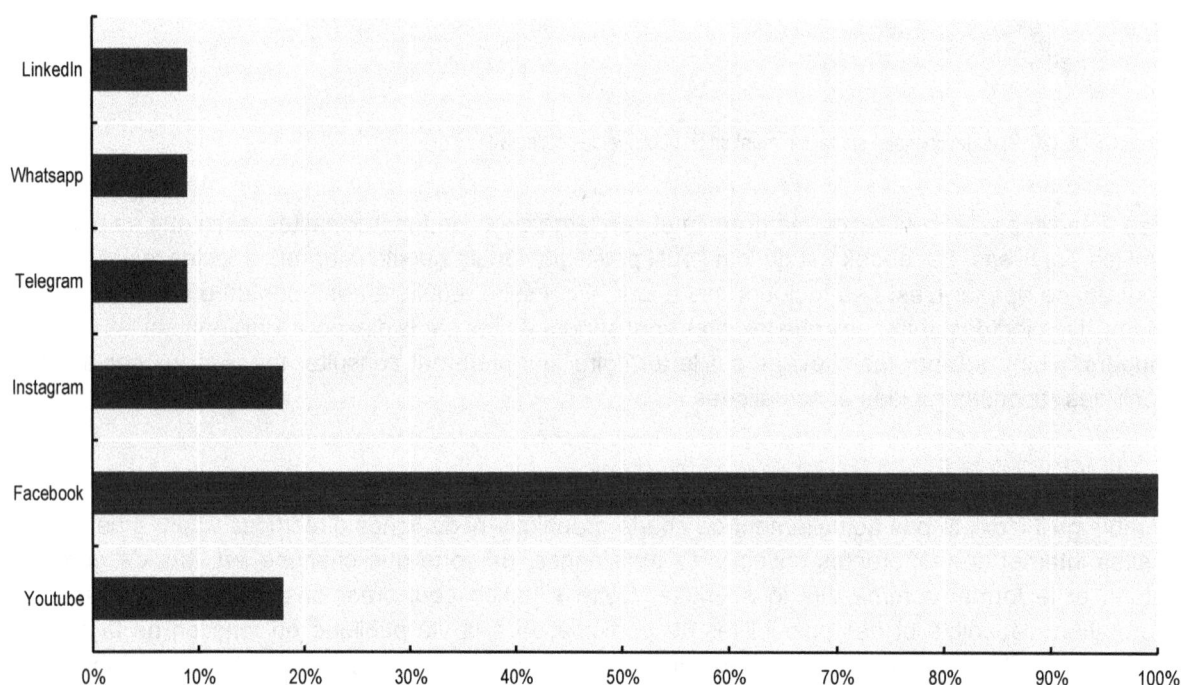

Source : OCDE (2019), Questionnaire sur la communication publique des collectivités.

Pour autant, l'utilisation de Facebook gagnerait à être institutionnalisée, son utilisation parfois ponctuelle étant souvent le fait des élus et non de l'administration. Par ailleurs, toutes les fonctionnalités de l'outil ne semblent pas encore être maîtrisées par les différents communicants. La commune de Zriba utilise de nombreuses fonctionnalités Facebook (retransmission en direct des séances du conseil, questionnaires/sondages favorisant la participation directe des citoyens, etc.) et pourrait partager son expérience en la matière. De plus, des formations sur l'utilisation des nouveaux outils devront être dispensées afin de mieux organiser la communication locale (ex : gestionnaire de réseaux sociaux comme Hootsuite ou Buffer, base de données média, fonctionnalités Facebook comme Messenger, ciblage des publications, prise de rendez-vous sur Facebook, création de stories, etc.) ; d'améliorer les contenus (ex. : outil de graphisme et infographie ou vidéos comme Facebook Live) et d'obtenir des retours de la part des citoyens (ex. : sondages Facebook ou Survey Monkey, Google Forms, Google Analytics, etc.). L'étude du type d'information diffusée sur les réseaux sociaux confirme le caractère concret et de proximité de la communication locale. Il s'agit principalement de données factuelles, à savoir les activités (100 %), actualités et événements (91 %). Les consultations (54 %) et campagnes de sensibilisation (64 %) occupent aussi une place importante et nécessitent l'élaboration de messages ciblés plus élaborés, car leur objectif est d'inciter une participation active des citoyens et d'autres parties prenantes.

Graphique 3.3. Trois principaux types d'information diffusés sur les réseaux sociaux

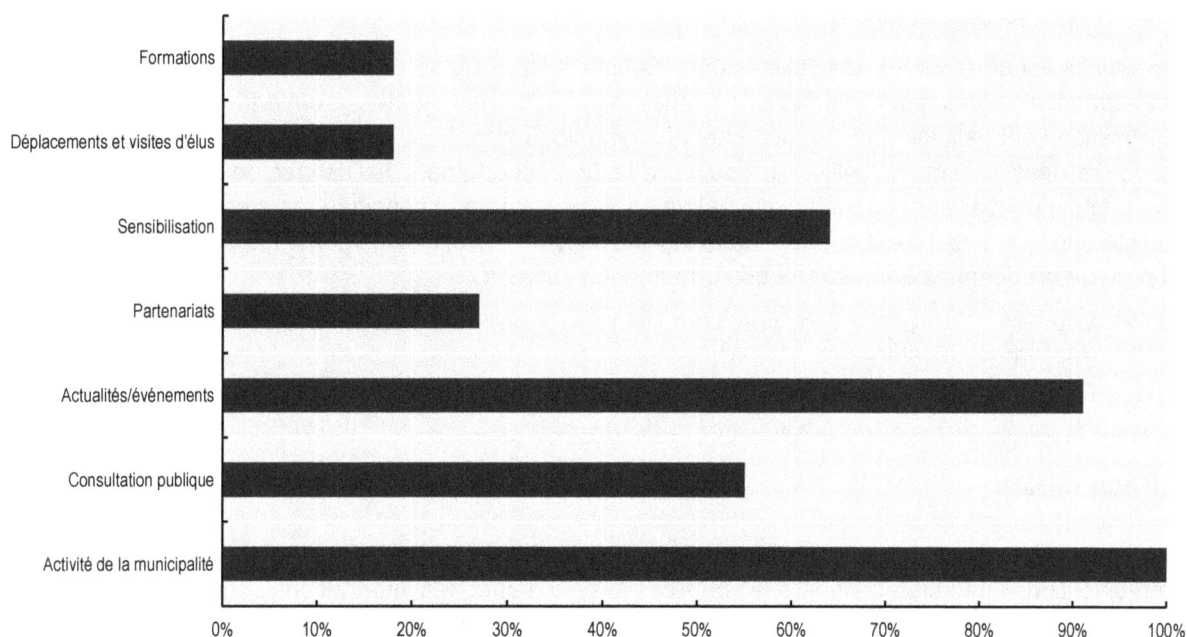

Source : OCDE (2019), Questionnaire sur la communication publique des collectivités.

L'étude met en évidence l'absence de lignes directrices sur l'utilisation des différents outils à la disposition des communes, qui entraîne une grande disparité de la qualité de la communication publique locale en Tunisie. Seules 36 % des communes dispensent des formations sur l'utilisation des réseaux sociaux. De plus, il convient aussi de rappeler que toutes les catégories de la population n'utilisent pas Facebook et qu'il est donc nécessaire de varier les outils afin de garantir une interaction plus inclusive au bénéfice de tous les citoyens.

Certaines communes rencontrées ont d'ailleurs souligné l'importance de créer des structures de proximité permettant à la municipalité d'aller vers les citoyens, en organisant par exemple des comités de quartier et, surtout, en veillant à ce que cette communication ne soit pas politisée, mais, au contraire, axée sur les besoins des citoyens (voir, par exemple, encadré 3.2).

Kébili a par exemple proposé que chaque commune mette en place un espace ouvert au citoyen qui mettrait à disposition des ordinateurs avec accès internet et serait dans le même temps, un espace à caractère familial. Un tel lieu permettrait au citoyen de se sentir à l'aise et aux autorités publique de recueillir les informations dont elles ont besoin pour améliorer leurs services. L'Agora de la ville de Nanterre pourrait être une inspiration dans ce sens.

Encadré 3.2. L'usage de WhatsApp à Ancône

La municipalité de ville italienne d'Ancône a créé un compte WhatsApp afin de communiquer directement et en temps réel avec ses administrés. Cette plateforme permet aux usagers de demander des services locaux en ligne (ils sont alors orientés vers les sites internet pertinents ou mis en relation avec les fournisseurs des services concernés), et de faire connaître à l'administration des problèmes en matière d'espaces et d'infrastructures publics, comme des nids de poule ou des éclairages publics défaillants. Dans le passé, le service a aussi été utilisé pour diffuser des annonces urgentes relatives à des conditions climatiques extrêmes.

Ce service est géré par les spécialistes des réseaux sociaux du service de communication d'Ancône, qui sont disponibles pour répondre aux messages lors des heures d'ouverture. Les conditions d'utilisation sont définies dans un document communiqué à tout nouvel usager. Ce document fixe les responsabilités de la municipalité, ainsi qu'un code de comportement de l'usager, de manière à garantir une relation mutuellement bénéfique. Il définit en outre le contenu considéré comme de l'information « d'utilité publique », qui dans le cadre de la législation italienne exclut les contenus de nature politique, et protège les données des usagers conformément à la RGPD.

Source : Marco Porcu, Commune d'Ancône, présentation faite lors de l'atelier « Vers des municipalités ouvertes en Tunisie : La communication publique locale et le Gouvernement ouvert », le 23 octobre 2019 à Sousse.

Publics cibles

Pour choisir les bons outils qui permettront notamment de renforcer l'efficacité et l'impact de la communication, il faut bien connaître les publics cibles. En effet, les informations concernant les publics, les profils des internautes, leurs attentes et leurs besoins, leur familiarité avec le sujet évoqué ou encore leur mode d'accès privilégié à l'information, sont autant de renseignements permettant de mieux cibler la communication.

La plupart des communes déclarent recueillir des informations au sujet de leurs publics cibles (64 %) et adapter leurs messages, principalement en direction des jeunes et des femmes (voir graphique 3.4), confirmant ainsi l'importance donnée à ces deux groupes cibles dans le pays.

Graphique 3.4. Adaptation de la communication aux groupes cibles

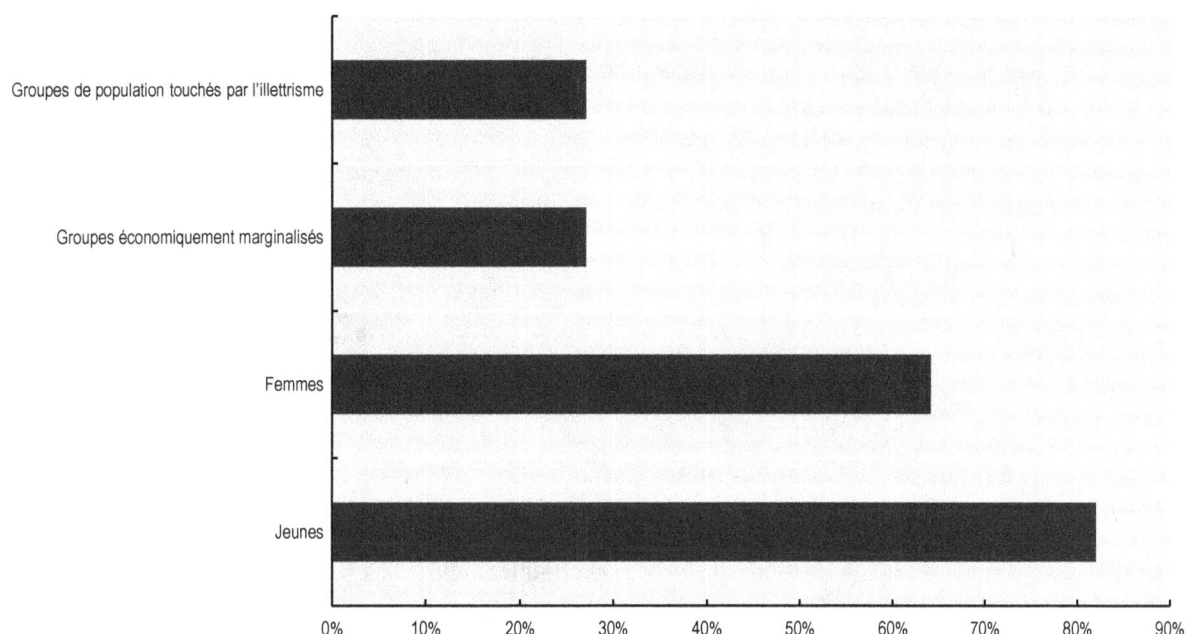

Source : OCDE (2019), Questionnaire sur la communication publique des collectivités.

Si les entretiens avec les municipalités n'ont pas permis de déterminer avec exactitude quels sont les moyens ou méthodes utilisés pour toucher les groupes-cibles, l'exemple du réseau créé par la commune de Gabès pour les femmes chargées de communication illustre bien cette pratique et mériterait d'être présenté plus en détail à d'autres communes (les exemples de la ville de Bordeaux en France (encadré 3.4), et le guide de la communication sur le gouvernement ouvert de l'OCDE (encadré 3.5) sont également pertinents pour cibler les jeunes). Une courte enquête sur les audiences, les messages, les thèmes et supports de communication préférés des citoyens tunisiens pourrait être menée, sur le modèle du Baromètre établi en France[1] pour mesurer à la fois l'impact des actions de communication, l'évolution des attentes des citoyens et leur niveau de satisfaction (voir encadré 3.3). En Tunisie, il s'agira d'inclure dans l'enquête des questions très ciblées permettant de recueillir un maximum d'informations de nature à guider l'élaboration de la stratégie de communication locale. Les sondages sont aussi un moyen efficace pour éclairer le choix des thématiques clés de la communication locale.

Encadré 3.3. Exemples de résultats issus du Baromètre 2018 sur la communication locale en France

En recueillant des données sur les moyens d'information les plus utilisés par les différentes tranches d'âge de la population, le baromètre permet d'adapter les stratégies et plans de communication en fonction des cibles de chaque campagne. Les jeunes (25-34 ans) lisent par exemple moins le journal local et préfèrent les échanges entre habitants.

Source : Baromètre de la Communication Locale (2018), http://barometrecomlocale.fr.

Encadré 3.4. Cibler la communication : exemple de la ville de Bordeaux

Pour capter l'attention des jeunes et les associer plus efficacement aux politiques locales, la ville de Bordeaux en France a créé une page Facebook dédiée exclusivement aux intérêts des 16 à 25 ans. Intitulée « Koi29 Bordeaux », cette page est gérée conjointement par la Ville et par des jeunes réunis en conseils de quartier. Elle compte près de 5 000 abonnés et traite de sujets tels que le sport, les loisirs, la culture et lance des appels à idées et des concours.

Source : https://www.facebook.com/koi29bordeaux/.

Encadré 3.5. Le guide de l'OCDE pour une communication autour de l'administration ouverte ciblant les jeunes

L'OCDE a développé un guide destiné à aider les communicants publics à mobiliser les jeunes dans le cadre des initiatives liées à l'administration ouverte, en proposant des recommandations pratiques, notamment :

- La communication ciblant les jeunes devrait se concentrer sur les politiques publiques qui les concernent et éviter les messages partisans.
- Il convient de panacher les canaux de communication : outils traditionnels (par exemple les conseils de jeunes) et plateformes numériques (telles que les réseaux sociaux).
- Ces outils numériques devraient être utilisés lorsqu'ils sont les plus appropriés pour atteindre les objectifs de la campagne, et pas seulement parce qu'ils sont perçus comme les meilleurs pour communiquer avec les jeunes en général.
- La communication ciblant les jeunes devrait être guidée par des objectifs de politique publique spécifiques et visant à obtenir des résultats au-delà de l'engagement même des jeunes, tels que l'augmentation de l'influence des jeunes au sein d'une institution ou un usage plus fréquent des services publics.
- Les jeunes ne devraient pas être traités comme des « citoyens en devenir » — au contraire ils doivent pouvoir peser dans les discussions.
- La collaboration avec les organisations de la société civile et les « influenceurs » qui entretiennent des relations de confiance avec les jeunes sont autant d'outils utiles au succès des activités de communication.

Source : OCDE (2019[2]), *Engaging Young people in Open Government: A communication Guide*, OCDE, Paris, https://www.oecd.org/mena/governance/Young-people-in-OG.pdf.

Enfin, les groupes-cibles peuvent être rassemblés dans une base de données permettant notamment de les classer par type de réaction attendue (ex. : réaction positive attendue des ambassadeurs/soutiens/relais potentiels du projet ; réaction négative attendue des opposants potentiels au projet) et de centraliser toutes les informations relatives à chaque engagement (par exemple : fréquence, canaux, personne responsable, impact, etc.) dans un souci d'efficacité, de continuité et d'évaluation de l'impact de la communication.

Relations presse

Les relations presse sont l'un des leviers de communication les plus efficaces et le moins onéreux. Pour atteindre leurs objectifs, elles nécessitent beaucoup de rigueur et de précision et doivent s'inscrire dans la durée et la continuité. Elles ne se limitent donc pas à la simple diffusion de communiqués de presse. Les rapports avec les médias doivent en effet reposer sur des relations de confiance et de long terme, établies dans le respect de la liberté de la presse et du métier de journaliste.

Elles nécessitent aussi l'utilisation d'un certain nombre d'outils professionnels :

- fichier nominatif incluant les médias traditionnels et numériques
- communiqués ou dossiers répondant aux besoins des journalistes
- conférences ou visites de presse
- veille et évaluation de la couverture presse
- réelle accessibilité et disponibilité du maire et de l'attaché de presse.

Enfin, un bon communicant doit maîtriser la logique journalistique. Cela implique de savoir pourquoi telle nouvelle fera la « une » d'un journal. Cette culture va donc imposer des choix éditoriaux, sachant que certaines informations se trouveront systématiquement écartées faute d'espace ou d'intérêt. Tel peut être le cas parfois de la couverture des actualités locales par les médias nationaux. Le communicant doit ainsi tenir compte de cette réalité dans ses échanges avec les journalistes.

De manière générale, tant au niveau national que local, il ressort des réunions organisées dans le cadre de l'examen par les pairs mené par l'OCDE que les relations avec les médias ne sont pas encore suffisamment institutionnalisées au niveau local en Tunisie et reposent davantage sur des relations personnelles, rendant parfois difficile la continuité des échanges en cas de rotation des responsables de communication. De plus, si certains communicants nationaux disposent parfois des chartes sur l'éthique et la déontologie, les communicants locaux affirment n'avoir reçu que peu de conseils sur la manière d'opérer. Par exemple, il ne semble pas exister actuellement pas de manuel des relations presse au niveau local ; or un tel outil permettrait d'améliorer les pratiques et de renforcer la confiance des communicants en définissant mieux leur champ d'action et ce qui est attendu d'eux (voir encadré 3.6).

Encadré 3.6. Le guide des relations médias du Gouvernement britannique

Le guide des relations médias des services de communication du gouvernement est un document à destination des fonctionnaires travaillant avec les médias au Royaume-Uni. Ce guide décrit les compétences et les capacités dont ces personnes ont besoin pour répondre aux demandes du grand public, des ministres et des parties prenantes, à l'ère du numérique. Il expose les principes fondamentaux de l'organisation et des modalités d'exercice des relations avec les médias.

Cette guide identifie cinq exigences fonctionnelles de base :

- la gestion proactive des activités médiatiques
- la gestion réactive des médias (lorsque des contenus concernant le gouvernement et ses politiques sont publiés)
- la gestion des relations avec les journalistes
- la création de contenus (traditionnels et numériques)
- l'analyse de données et l'évaluation.

Source : https://gcs.civilservice.gov.uk/guidance/modern-media-operation-guide/.

Graphique 3.5. Médias les plus informés de l'action municipale

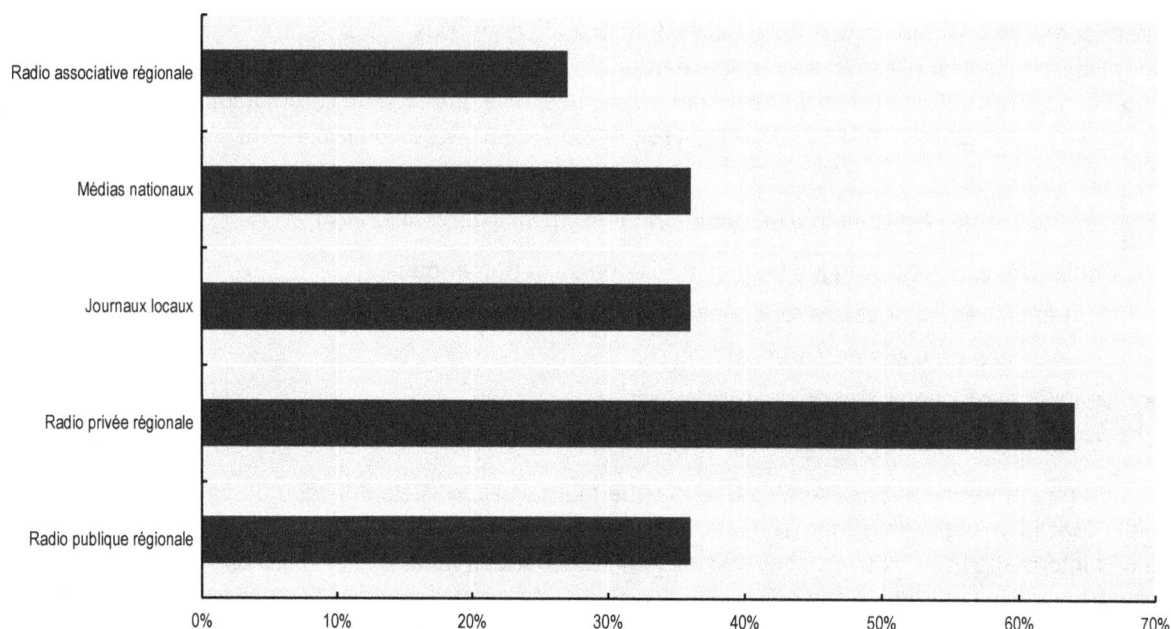

Source : OCDE (2019), Questionnaire sur la communication publique des collectivités.

Il ressort de l'enquête que la radio reste le média le plus utilisé par les collectivités locales tandis que les relations avec les médias nationaux sont plus limitées (voir graphique 3.5). Le téléphone (80 %), le courrier électronique (60 %) et l'affichage (70 %) sont les principaux moyens utilisés par les communes pour communiquer avec les médias. Le télécopieur (fax) et le courrier ordinaire comptent parmi les autres moyens cités. Quant aux conférences de presse, elles sont pratiquement inexistantes (10 %) par manque d'intérêt des médias locaux et manque de moyens logistiques et financiers (voir graphique 3.6). Certains participants ont souligné que les conférences de presse représentent un coût trop élevé pour la commune.

Les médias sont invités à participer aux réunions du conseil municipal dans 64 % des communes. Leur participation n'est donc pas systématique. L'affichage (70 %) et les réseaux sociaux (70 %) sont les moyens privilégiés pour informer les médias de ces réunions. Le téléphone (50 %), l'annonce sur le site internet (50 %) et le courrier électronique (40 %) sont également utilisés à ces fins. Dans 91 % des communes, les réunions des commissions sont également ouvertes au public, permettant aux citoyens et aux médias de suivre les débats de la municipalité de plus près et dans leur globalité, depuis les discussions préalables jusqu'à la conception des politiques publiques. Une démarche proactive plus systématisée et plus ciblée d'information des médias au sujet des réunions et activités du conseil et des commissions permettrait de renforcer leur participation, et les encouragerait à mieux suivre les travaux et à davantage rendre compte de l'action de la municipalité.

Graphique 3.6. Moyens de diffusion de l'information auprès des médias

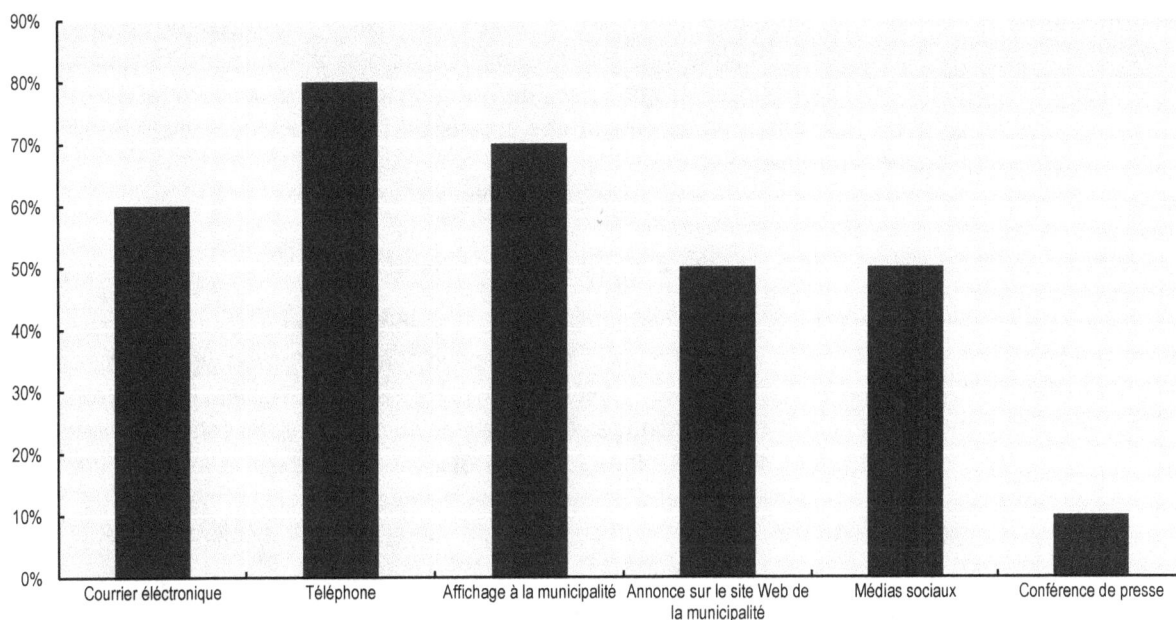

Source : OCDE (2019), Questionnaire sur la communication publique des collectivités.

De manière générale, les échanges avec l'OCDE montrent que les relations entre les chargés de communication/attachés de presse et les journalistes sont souvent complexes. La Tunisie ne fait pas exception à la règle. Parmi les défis cités figurent l'inexistence ou le faible nombre de médias locaux (90 %), mais aussi le désintérêt pour l'action de la commune (50 %) et la méconnaissance de la vie locale de la part des journalistes (50 %) (voir graphique 3.7).

Graphique 3.7. Défis en termes de relations médias

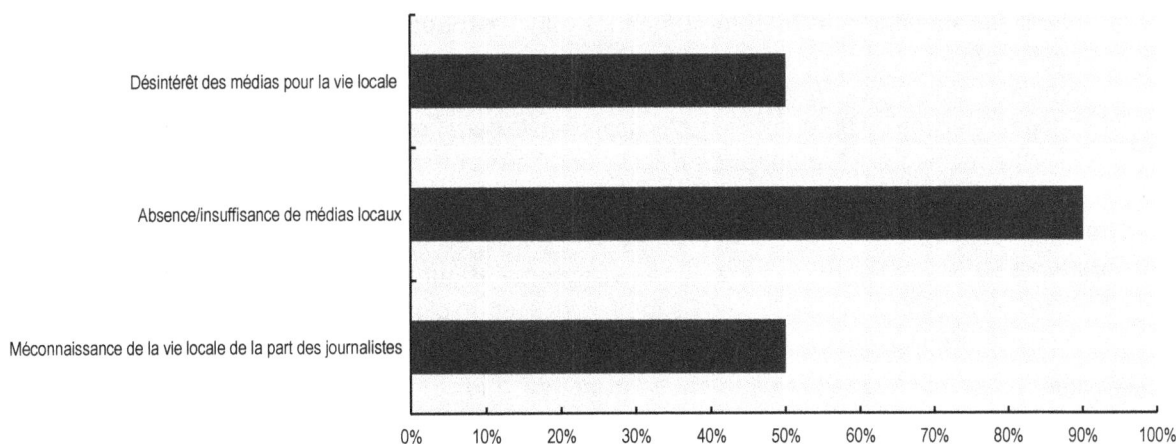

Source : OCDE (2019), Questionnaire sur la communication publique des collectivités.

Le communicant public, au fait de la logique médiatique et des contraintes du journaliste, peut aider à améliorer la situation. Il est par exemple souvent nécessaire de simplifier et de transposer en langage journalistique les documents administratifs longs et complexes afin d'éveiller l'intérêt de la presse et espérer une couverture intéressante en ligne, reprenant les messages que la municipalité souhaite faire passer. En outre, les collectivités pourraient également de manière proactive encourager la pratique journalistique au sein de leur commune en soutenant des projets de journalisme associatif ou citoyen, comme Nanterre en a donné l'exemple (encadré 3.7).

Encadré 3.7. France : Radio Agora, la webradio de la ville de Nanterre

Dans le cadre de l'initiative Agora, la ville de Nanterre a lancé la webradio Agora. Cette radio en ligne associe les citoyens, des plus jeunes aux plus âgés, à la conception et à la production de ses émissions, en partenariat, par exemple, avec les écoles et l'université. En créant leurs émissions, les citoyens ont un moyen de participer au débat public et de partager des initiatives ou des idées. Ils sont accompagnés par un(e) journaliste professionnel(le) sur le plan technique et éditorial. Il s'agit à la fois d'un outil d'animation du débat local par les habitants et d'un outil de mise en capacité citoyenne, puisque ceux qui expérimentent cette possibilité d'expression découvrent leur pouvoir d'agir localement. Depuis sa création, la Webradio Agora a enregistré des dizaines de milliers d'écoutes.

Source : http://www.radioagora-nanterre.fr.

Recommandations

- **Identifier les groupes-cibles, messages et outils les plus pertinents au niveau de chaque collectivité** en fonction de ses caractéristiques et moyens spécifiques, à travers une enquête. Ces outils pourront ensuite être testés dans le cadre de phases pilotes avant d'effectuer des choix à plus long terme. Dans certains cas, ces choix pourraient même faire l'objet d'un vote/sondage afin d'impliquer au maximum les citoyens dans l'élaboration de la communication locale.

- **Évaluer les campagnes de communication déjà menées afin d'identifier la pérennité des groupes-cibles, des messages et outils,** déterminer les thématiques prioritaires pour les prochaines campagnes et les inscrire dans la stratégie/le plan de communication. Au-delà des sondages électroniques, un moyen efficace pour tester l'impact des actions de communication consiste à recourir à des groupes de discussion (*focus groups*), c'est-à-dire des petits groupes de 6 à 8 personnes réunies pour une courte durée (60 minutes par exemple) afin de collecter un maximum d'avis, d'opinions et de points de vue différents sur une thématique donnée.

- **Veiller à ne pas négliger, et à créer, des structures et outils de communication traditionnels** afin de communiquer sur des sujets de fond et toucher un plus grand nombre de groupes-cibles, y compris ceux qui ne sont pas présents sur Facebook.

- **Veiller à systématiser la publication proactive d'informations** relatives aux actions de la municipalité et aux possibilités de participation à la vie locale, et ce de manière ciblée dans le but de promouvoir la participation de certains segments spécifiques de la population, tels que **les jeunes et les femmes.**

- Élaborer un « **manuel du communicant** au niveau local » pour servir de guide pratique aux municipalités et professionnaliser les méthodes de travail. Ce manuel permettra d'harmoniser les pratiques et pourrait comprendre des lignes directrices concernant l'utilisation des réseaux sociaux, en particulier Facebook. Par ailleurs, ce manuel pourrait inclure un **guide sur la gestion des relations avec les médias**, avec des propositions de procédure de gestion des demandes (réception, traitement et réponse). Ce manuel ou guide pourrait être élaboré à partir de documents similaires existants au niveau national.

- **Organiser des formations sur l'utilisation de toutes les fonctionnalités** des outils de communication utilisés ainsi que sur les données ouvertes afin d'optimiser leur usage. Des formations sur les relations presse sont également cruciales.

- **Créer un fichier presse** regroupant les médias locaux et nationaux et d'**autres outils nécessaires** à la bonne organisation des relations presse (par exemple une boîte à outils).

- **Organiser une veille médiatique** régulière et systématique afin de mieux analyser la couverture locale, les sujets privilégiés par les journalistes locaux et le traitement qui en est fait.

- **Informer les médias de manière proactive et ciblée,** en se basant sur le fichier presse, sur les activités, politiques publiques et réunions de la municipalité afin d'encourager leur participation et de les inciter à couvrir l'action municipale.

- Afin d'instaurer des relations de confiance avec les médias, **organiser des rencontres informelles et régulières avec les journalistes locaux** (par exemple : petit-déjeuner, café) pour leur présenter les projets en cour et les actualités de la commune, mais également pour mieux comprendre leurs attentes.

Recommandations relatives à l'amélioration de la communication numérique

- Veiller à inclure dans le **manuel du communicant** des lignes directrices relatives au **format** et au contenu publié sur les outils numériques, de façon à assurer la cohérence de la communication locale tout en créant une identité visuelle commune (par exemple envisager des formats spécifiques pour les documents officiels, pour les appels à consultation publique, pour les actualités et pour les prospectus relatifs à des événements).

- **Veiller à séparer la communication publique et la communication politique** dans le contenu publié et dans l'image que renvoie la municipalité (veiller par exemple à ne pas utiliser les comptes officiels de la commune pour la communication individuelle des élus, mais seulement pour ce qui concerne les affaires et l'action municipales).

- **Systématiser la publication du même contenu** et des mêmes informations sur le site officiel de la commune ainsi que sur les réseaux sociaux de manière à atteindre les publics qui ne seraient pas présents sur l'une des plateformes et pérenniser la disponibilité des informations.

Site internet

- Systématiser l'élaboration et la publication sur les sites internet de **données ouvertes** qui, par définition, doivent être pleinement accessibles, exploitables et réutilisables (publication sous format Word ou Excel par exemple, en évitant de scanner des données papier).

- Créer des sections et sous-sections claires et précises sur les sites officiels des communes pour **faciliter l'accès des utilisateurs** (par exemple, une section pour les documents publics contenant un onglet pour les plans d'investissement, un autre pour les décisions du conseil municipal, un autre pour le budget, etc.)

- Veiller à **expliquer aux citoyens**, pour chaque document officiel publié, le contenu de celui-ci, ses implications ainsi que les moyens d'action dont disposent les citoyens à l'égard de l'information publiée.

- **Intégrer et développer des espaces d'échange** sur les sites officiels des communes pour recueillir l'avis des publics qui ne sont pas présents sur Facebook et inciter les citoyens à participer au débat public.

- Créer une **section claire et précise dédiée aux plaintes** sur le site officiel de la commune expliquant la procédure de dépôt de plainte, mentionnant les coordonnées des personnes chargées de la gestion des plaintes et affichant, dans la mesure du possible, le statut de la plainte. Veiller à **élaborer des lignes directrices** sur les modalités de réponse aux plaintes des citoyens (par exemple envisager des critères permettant de distinguer les plaintes légitimes, auxquelles l'administration sera obligée de répondre, et des plaintes illégitimes, notamment celles qui emploient un vocabulaire agressif, auxquelles l'administration ne sera pas contrainte de répondre) et exposer clairement ces critères/lignes directrices aux utilisateurs des plateformes. Enfin, contrôler la bonne gestion des plaintes et veiller à la transparence du processus en publiant des rapports de gestion des plaintes (par exemple envisager de faire connaître la réponse apportée par la municipalité à la plainte, qu'elle soit positive ou négative, et de l'expliquer).

- **Créer une section claire et précise consacrée à l'accès à l'information** sur le site officiel de la commune, expliquant la procédure de demande d'accès à l'information, donnant accès au formulaire de demande, mentionnant les coordonnées des personnes chargées de traiter la demande, et affichant dans la mesure du possible, le statut de la demande (par exemple, sur la page de son site officiel dédiée à l'accès à l'information, la commune de Gabès publie les dispositions légales encadrant la procédure d'accès, met à disposition le formulaire de demande, mentionne expressément les noms et coordonnées des personnes chargées de traiter la demande et publie des rapports annuels sur l'accès à l'information). Veiller à la transparence de la gestion des demandes d'accès à l'information et publier des rapports (par exemple, envisager de faire connaître la réponse apportée par la municipalité à la plainte, qu'elle soit positive ou négative, et de l'expliquer, à l'image de la commune de Hammam Chatt qui, dans son rapport annuel sur l'accès à l'information de 2019, a explicité le résultat de chaque demande tout en précisant le motif des rejets — en l'occurrence : « document non disponible »).

- **Systématiser la publication proactive d'informations relatives aux possibilités de participation à la vie locale** non seulement sur les réseaux sociaux comme il a été d'usage de le faire jusqu'à présent, mais également sur le site officiel de la commune et regrouper ces informations sous une rubrique dédiée à la participation citoyenne pour cibler les citoyens absents des réseaux sociaux.

Réseaux sociaux

- Veiller à inclure dans le **manuel du communicant** des lignes directrices relatives à la **formulation de réponses** aux commentaires ou publications des citoyens sur les réseaux sociaux (par exemple envisager des scénarios dans lesquels le communicant sera obligé de réagir, d'autres dans lesquels il aura l'autorisation de réagir et d'autres encore dans lesquels il ne doit absolument pas réagir, notamment en présence de commentaires ou publications employant un vocabulaire agressif, à condition que cela soit précisé dans les conditions d'utilisation de la plateforme en question).

- **Veiller à la continuité dans l'utilisation des outils de communication,** dans un souci de cohérence de la communication publique (par exemple si des événements Facebook étaient organisés ponctuellement pour certaines réunions ou consultations publiques par le passé, envisager de donner une fréquence régulière à ce type d'événements).

- **Diffuser plus largement les réunions et consultations publiques** sur les réseaux sociaux et désigner une personne chargée de lire et répondre aux commentaires en temps réel afin d'encourager la participation des citoyens.

Références

Digital Discovery (2019), *Les chiffres clés des réseaux sociaux en Tunisie 2019*, [1]
https://www.digital-discovery.tn/chiffres-reseaux-sociaux-tunisie-2019/.

OCDE (2019), *Engaging Young people in Open Government: A communication Guide*, OCDE, [2]
Paris, https://www.oecd.org/mena/governance/Young-people-in-OG.pdf.

Note

1 Le Baromètre de la Communication Locale (http://barometrecomlocale.fr) est une enquête sur les tendances et défis de la communication publique dans toutes les collectivités locales en France.

www.ingramcontent.com/pod-product-compliance
Lightning Source LLC
Chambersburg PA
CBHW081423270326

41931CB00015B/3381